合同的新常识

解读民法典合同编 66条新规

李悦 著

以案说法，66个案例
解析法律条文与司法适用

首都经济贸易大学出版社
Capital University of Economics and Business Press
·北京·

图书在版编目（CIP）数据

合同的新常识：解读民法典合同编66条新规/李悦著. --北京：首都经济贸易大学出版社，2023.1

ISBN 978-7-5638-3380-1

Ⅰ.①合… Ⅱ.①李… Ⅲ.①合同法—研究—中国 Ⅳ.①D923.64

中国版本图书馆CIP数据核字（2022）第117817号

合同的新常识——解读民法典合同编66条新规
Hetong De Xin Changshi——Jiedu Minfadian Hetongbian 66 Tiao Xingui
李　悦　著

责任编辑	佟周红　胡　兰
封面设计	风得信·阿东 FondesyDesign
出版发行	首都经济贸易大学出版社
地　　址	北京市朝阳区红庙（邮编100026）
电　　话	（010）65976483　65065761　65071505（传真）
网　　址	http://www.sjmcb.com
E-mail	publish@cueb.edu.cn
经　　销	全国新华书店
照　　排	北京砚祥志远激光照排技术有限公司
印　　刷	唐山玺诚印务有限公司
成品尺寸	170毫米×240毫米　1/16
字　　数	265千字
印　　张	16.75
版　　次	2023年1月第1版　2023年1月第1次印刷
书　　号	ISBN 978-7-5638-3380-1
定　　价	68.00元

图书印装若有质量问题，本社负责调换
版权所有侵权必究

前 言

一、为什么写这本书

1804 年，法国皇帝拿破仑组织制订《法国民法典》（又称为《拿破仑法典》）时曾说，"要让法国的农民在煤油灯下读懂自己的权利"。

2021 年 1 月 1 日，《中华人民共和国民法典》（以下简称《民法典》）正式实施，标志着我国正式迎来了民法典时代。十年律师生涯，我深知普通百姓对于法律知识的那种渴望和强烈的求知欲。我心中一直有一个愿望，希望能够写一本与百姓关系最密切的通俗易懂的法律权利书，不仅让我们的百姓比 200 年前的法国农民更理性，且"必也使无讼乎"。

念念不忘，必有回响。2022 年，梦想成真。

二、写作思路的变化

最初设想，除合同的新常识解读，还包括合同常识变化背后的故事，让读者读了本书以后就知道，这一个合同的新常识，是属于哪一类型的新常识，以及具体的变迁的原因。我按这个思路写着写着，发现存在两个风险：①读者并非专业人士，一下看这么多内容，是否会存在合同的新常识没有记住，却记住已作废的旧常识？②常识内容太多，读者是否索性不看，直接弃书？

于是，有了自己和自己的对话。"写这本书的目的是什么？""学以致用，减少纠纷。""用合同编新规则需要知道变迁过程吗？""不需要。""关于合同编新规则变迁的来龙去脉，你是如何知道的？""看权威资料，比如法工委、最高院的相关书籍。""读者直接看第一手资料不是更好吗？""的确这样。"写作思路出现了问题，让这本书承载太多功能，结果可能适得其反。几经思索，重要调整了写作思路。调整后的思路，可归结为"一"和"十"。

所谓"一",就是本书只有一种功能,那就是解读66个合同的新常识(只说现在的。至于法规背后的变迁过程,本书并不涉及,如有兴趣,可查阅相关书籍);所谓"十",就是对66个合同的新常识,尽可能结合多种方式,以通俗易懂的方式呈现在读者面前,使读者能在轻松的环境中学习掌握及运用。

三、本书的六大特点

1. 均为有关合同的新常识。有的是《民法典》合同编中完全新增的内容;有的是司法解释上升为法律;有的是与原有法律规定发生重大变化;有的是不同于单行法时的法律适用;有的是原已有规定,现体例发生变化。

2. 入选合同新常识的标准为与百姓关系最密切(实用)。何为最密切?程度上达到"宁可冻得瑟瑟发抖,也要在煤油灯下阅读"才可入选。最终入选的66个新常识,是经过多次层层筛选(这是一个动态的筛选过程,本书初稿快完成之时,仍有原选定的2个新常识被替换),都是笔者认为与我们最息息相关,也有极少数合同新常识的功能在于拓展我们的眼界和思维。

3. 体例为一案一法条。为保证阅读的流畅性,讲解每篇新常识,除新规则外,不再引用其他法条。新常识的解读,以说清说透为原则,有话则长,无话则短,以讲清问题为原则,尽量言简意赅。本书所选案例绝大多数是《民法典》实施后的最新案例。

4. 以读者为第一主角。始终站在读者角度,内容通俗易懂,辅之以大量图表、类比、拟人化等方法帮助读者理解相关法律常识。

5. 每个新常识之间,笔者以一两句短句相连接。或是对即将登场的新规则的理解,或表明笔者态度。

6. 实用性。这本书最重要的特点,或者说终极目标,就是其实用性。法律是拿来用的,为达到事半功倍的效果,本书设置了许多互动环节,如快问快答等环节,鼓励读者尽量多地参与各项讨论,通过一个个案例的解读,通过一张张图表,告诉读者朋友,其实法律也没那么高深,学以致用完全可以成为现实。

四、《民法典》关联法条速查

附录关联法条速查，主要包括两方面的内容：一是本书案例涉及的《民法典》相关法条；二是规定在《民法典》的总则编，但与合同编内容相关度极高的，比如自然人的民事行为能力、民事法律行为（意思表示、民事法律行为效力）、委托代理、诉讼时效、期间计算，以便读者朋友查询。

五、说明与致谢

1. 本书的写作从 2022 年春节开始，至 5 月中旬完成。创作期间我暂停一切工作，专心致志写作本书，但囿于自己学识不足，时间仓促，虽夙兴夜寐，错误与不足在所难免，敬请各位读者批评指正，不胜感激。邮箱：liyuelawyer2021@163.com。

2. 感谢"法信"平台全程提供的法律信息支持。

李　悦
2022 年 5 月 11 日

目 录

上篇 合同的新常识总论 1
下篇 合同的新常识 7

一、疫情取消灯展，承租人能否请求减免租金？ 8
二、"说唱大赛"的悬赏奖金，是否要兑现？ 13
三、重要格式条款未提示，能否主张不列入合同内容？ ... 16
四、未办理批准手续的合同未生效，报批条款独立生效吗？ 21
五、商品房认购书，如何认定是预约还是本约？ 24
六、网购商品被他人领走，商家要赔偿吗？ 28
七、被代理人履行无权代理合同，视为对合同的追认？ ... 31
八、选择之债，选择权会发生转移吗？ 34
九、按份之债，仅清偿份额内债务？ 38
十、共同借款，能否仅起诉一个债务人？ 41
十一、连带债务人清偿了债务，如何行使追偿权？ 45
十二、真正利益第三人，是否对债务人享有履行请求权？ ... 49
十三、第三人代为履行债务，债务人可以拒绝吗？ 52
十四、债权人代位取得的财产能否直接受偿？ 55
十五、行使代位权，是否及于债务人的担保物权？ 59
十六、债务人的相对人破产，债权人能否提前行使代位权？ ... 62
十七、债务人的不当担保，债权人能否行使撤销权？ 65
十八、约定"金钱债权不得转让"，能否对抗第三人？ 69

— 1 —

十九、债权转让，从权利的抵押权是否一并转让？ ………… 73

二十、债务人与受让人互有债权，能否相互抵销？ ………… 76

二十一、代写了张收条，是否就是债务加入？ ……………… 79

二十二、给付不足清偿全部债务，如何确定抵充顺序？ …… 82

二十三、在无规定或无约定情况下，如何计算解除权的行使
期限？ ………………………………………………… 85

二十四、附期限解除合同，期限届满合同是否自动解除？ … 89

二十五、直接以诉讼方式解除合同，如何认定合同解除的
时间？ ………………………………………………… 92

二十六、违约的承租人，是否享有合同解除权？ …………… 95

二十七、合同因违约解除，能否适用违约金条款？ ………… 100

二十八、混合过错，是否可以减少违约方的损失赔偿额？ … 103

二十九、定金实际支付金额与约定不一致，以哪个为准？ … 105

三十、 适用定金条款，超出定金部分损失是否要赔偿？ … 108

三十一、主合同解除，从合同的担保责任还要承担吗？ …… 111

三十二、对合同条款理解有争议，争议条款如何解释？ …… 114

三十三、未完成刷单流量而结欠下的款项，是否需要归还？ … 117

三十四、出卖他人的八仙桌，买卖合同有效吗？ …………… 121

三十五、超过约定的检验期限，是否还能提出异议？ ……… 125

三十六、购车分期付款，一期未支付就可解约？ …………… 128

三十七、试用人出租试用标的物，就可视为同意购买？ …… 132

三十八、在试用期内商品损坏，该由谁买单？ ……………… 135

三十九、当"所有权保留"碰上"善意取得"，
"物"落谁家？ ……………………………………… 138

四十、　保证人在约定不明的情况下，承担一般保证还是连带
　　　　责任保证？ …………………………………………………… 142

四十一、债务人破产，保证人是否还享有先诉抗辩权？ ………… 146

四十二、保证期间约定不明，如何认定保证期间？ ……………… 148

四十三、债权人未在保证期间内起诉保证人，保证责任
　　　　就消灭？ …………………………………………………… 151

四十四、减免利息未经保证人同意，保证人能否免除保证
　　　　责任？ ………………………………………………………… 154

四十五、债务人的债权，能否作为保证人的抗辩理由？ ………… 157

四十六、房主知道房屋被转租未提异议，超过6个月就视为
　　　　同意转租？ ………………………………………………… 159

四十七、转租合同超出原合同租期，超出期限对出租人
　　　　有约束力吗？ ……………………………………………… 162

四十八、次承租人的代履行，出租人能否拒绝？ ………………… 165

四十九、承租人的优先购买权，能否对抗出租人的近亲属？ …… 168

五十、　融资租赁合同租赁物系虚构，如何认定合同效力？ …… 170

五十一、出卖人延期交付标的物，承租人能拒绝受领吗？ ……… 173

五十二、应收账款系虚构，债务人能否对抗保理人？ …………… 175

五十三、保理人能否要求债权转让人回购应收账款债权？ ……… 180

五十四、签约其他中介，就不构成"跳单"？ …………………… 184

五十五、补办丢失的实名制客票，补票不补款？ ………………… 188

五十六、寄存的水果不翼而飞，超市要赔偿吗？ ………………… 190

五十七、委托合同的任意解除权，约定"排除适用"有效吗？ … 193

五十八、承诺的物业费标准与备案不一致，以哪个为准？ ……… 196

五十九、物业服务转委托造成业主损失，物业公司要承担责任吗？ ………………………………………………… 201

六十、对于共有部分收益支出的原始凭证，业主可以拍照查阅吗？ ………………………………………………… 203

六十一、不交物业费，电费充值每次只能充 10 元？ ………… 205

六十二、民事合伙能否以劳务出资？ ………………………… 208

六十三、合伙合同未约定利润分配方式，利润如何分配？ …… 211

六十四、民事合伙的合伙人，对合伙债务承担连带责任？ …… 215

六十五、合伙人的债权人，能否代位行使合伙人的权利？ …… 218

六十六、被救助的纯血马死亡，救助人应承担赔偿责任吗？ …… 222

附录　《民法典》关联法条速查 ……………………………… 227

上 篇
合同的新常识总论

作为新中国立法史上第一部以"典"命名的法律，《中华人民共和国民法典》（以下简称《民法典》）于2021年1月1日正式实施。《民法典》就像一个法律大家庭，它的编纂相当于是把原来在外居住的几个孩子（如《民法总则》《物权法》《合同法》《婚姻法》《继承法》）现在统一搬到一个大院里居住了（对应各编的名称分别为总则、物权、合同、婚姻家庭、继承等）。我们知道，搬家简单的，就是直接把东西从老房子搬到新房子；讲究点儿的，会把东西整理一下，有些不用的就不搬了，外面有什么好的，也会趁机添置点儿，所以《民法典》的编纂，有点像讲究点儿的搬家。另外还有一个重要亮点，那就是人格权独立成编（第四编）。

作为与我们关系最密切的原《合同法》，搬到大院以后，在法律地位上，由原来的单行立法，变为现在《民法典》下的合同编；合同编内容相较于原来的《合同法》，也出现了许多新规则。本书所说的新规则，具体包括五种情形：①完全新增的内容；②司法解释上升为法律；③与原有法律规定发生重大变化；④不同于单行法时的法律适用；⑤原已有规定，现体例发生变化。具体的新规则解读，我们可以直接看下篇的《合同的新常识》，里面通过66个与时俱进、非常接地气的案例，详细地手把手教你怎么用这66个新常识（要想最大程度地利用好这本书，最好的方法就是积极参与书中的各种互动，学以致用，避免纠纷）。

现在，我们先来聊一聊合同新常识的总貌，具体说来，主要有以下十大特点：

一、体系方面，共同规则统一放置在总则编

如前所述，《民法典》的编纂，是把原本独自在外居住的孩子，统一搬到院里，为了避免过多地占用空间，对于搬进来之前各家各户都有的东西，在立法技术上采取了合并同类项的方法，统一放置在总则编。例如，原合同法关于平等、自愿、公平、诚实信用这些原则，合同编统统没有了，不是没有规定，而是统一放置在总则编；关于民事行为能力，八周岁以上的未成年人为限制民事行为能力人，不满八周岁的未成年人为无民事行为能力人，这些规定，合同编也找不到，到哪里去找？对了，也是在总则编，因为这些都属于自然人的民事行为能力，也是共同规则，统一放置在总则编。再比如，

认定合同效力这么重要的章节，现在只剩下孤零零的七个法条，关于合同效力样态的诸如合同效力待定、合同无效、可撤销、欺诈、重大误解、显失公平，这些内容也都统统没有了，到哪去了？还是在总则编，因为合同属于最重要的民事法律行为，这些都属于共同的规则，当然也统一放置在总则编。立法者这么设计的目的，最大好处就是既节省了空间，避免了重复，又使整个《民法典》看上去有逻辑、有体系。所以各位朋友在学习《民法典》时，如果觉得搬进院子之前有的重要的内容，搬进来之后怎么没有了，先不要着急，你就到总则里去看看，说不定，就好好地待在那里呢！

二、合同编通则起着债法总则的功能

合同法虽然从原来的单行立法到现在仅作为《民法典》下的合同编，看似地位下降，实则明降暗升。现在的合同编通则，在一定程度上发挥着债法总则的功能。很多国家编纂的民法典都设置债法总则，我国《民法典》未设置债法总则，主要考虑可能导致法律规则层层嵌套且会给法官适用法律带来困难，但现实却有这个需要，于是因地制宜，让合同编通则兼任起这个功能。

什么是债？除了合同之外，传统的债还包括无因管理、不当得利、侵权（我国《民法典》的体系设置是把侵权责任独立成编，与合同编并立）。这就是我们平常所说的合同之债、无因管理之债、不当得利之债、侵权之债。后面的这三个债，我们也都不陌生。勇救落水儿童，邻居家失火帮着灭火，是无因管理；张三的账户突然多了1万元，并非利息，而是他人误打到张三的账户，是不当得利；六楼住户阳台的花盆突然掉落，砸到刚巧路过的行人，是侵权。那么，合同编通则起债法总则的功能，怎么理解这句话呢？它的意思是说，不是因为合同产生的债权债务关系，比如由无因管理产生的债权债务关系，那就适用有关无因管理的相关规定，如果无因管理恰巧没有相关规定，也不用着急，适用合同编通则的相关规定就解决了，但有一点要注意，根据其性质不能适用的除外。合同编通则可作为债法一般性规则的，如选择之债及转移规则、按份之债清偿规则、连带之债的清偿、连带之债的成立和追偿规则。

三、扩大了责任财产的保全范围

我们已经知道，债务人不当减损责任财产，债权人可以通过行使代位权或撤销权，使债务人的责任财产得以恢复。本次《民法典》的编纂，把债权人代位权的客体，从原合同法限定的"债务人的到期债权"扩大为"债权或者与该债权有关的从权利"；新增债权人代位权提前行使情形；而撤销权的撤销范围，也扩大到债务人的对外不当担保行为，通过扩大责任财产，更有利于债权的保全。

四、注重诚信和公正

作为社会主义核心价值观的诚信和公正，在合同新常识里也体现得淋漓尽致：预约合同的违约责任，悬赏广告的一诺千金，物业服务人做出的有利于全体业主的公开承诺作为物业合同的组成部分，未办理批准登记手续致使合同不生效不影响报批合同条款的独立生效，中介市场的拒绝"跳单"，未履行提示和说明义务的重要格式条款符合一定条件可不成为合同内容，情势变更，电子合同标的交付时间，法定保管合同的认定，实名认证车票挂失补办不再收取票价等等。

五、关于债权转让

新增约定"金钱债权不得转让"不得约束第三人；债权转让，基于同一合同产生的债务人的债权与转让债权仍可行使抵销权以及并存的债务承担（债务加入）。另外，进一步明确，债权转让从权利一并变动（从权利专属于债权人自身的除外）。

六、关于合同解除

明确了无约定时的解除权行使期限计算方法、附期限解除合同以及直接通过诉讼仲裁解除合同的合同解除时间认定。另外，出现合同僵局时，为平衡各方的利益，避免对社会财富不必要的浪费，规定任何一方当事人均可以向法院或仲裁机构申请司法（准司法）解除权，人民法院或仲裁机构依法判决终止合同的，不影响违约方承担除继续履行之外的其他违约责任。

七、关于违约责任

新增了解除合同与违约责任能否并存认定、违约定金条款以及定金不足以弥补损失的救济规则、一方违约另一方存有过错的处理规则。

八、关于典型合同

除保留了原《合同法》规定的十五类典型合同（对一些规定予以修改完善）外，合同编另外新增了四类典型合同，分别是保证合同、保理合同、物业服务合同、合伙合同。典型合同的新规则主要内容为：

1. 买卖合同。规定了无权处分合同效力、检验期限过短的处理、试用买卖视为同意购买情形、试用标的物在试用期内毁损灭失的承担规则、分期付款买卖合同解除、所有权保留的登记对抗效力等。

2. 保证合同。规定了约定不明时的保证方式推定、一般保证先诉抗辩权的除外情形、保证期间、保证期间与保证债务诉讼时效的关系、主合同变更对保证责任的影响、保证人拒绝履行权等。

3. 租赁合同。规定了推定出租人同意转租情形、对次承租人的代履行出租人能否拒绝、转租超出原租赁期限的效力等。最具人性化的规定是，房屋承租人的优先购买权不得对抗出租人出卖租赁房屋给其近亲属。

4. 物业服务合同。规定了物业服务人的信息公开义务（如业主共有部分的经营与收益情况）、物业服务合同转委托及限制、物业服务人不得以断水断电等方式催交物业费、业主支付物业费以及业主相关情形下的告知、协助义务等。

5. 保理合同。规定了虚构应收账款的法律后果、有追索权保理和无追索权保理、多重保理清偿顺序等。

6. 合伙合同。规定了合伙人的出资形式，执行合伙事务报酬、合伙利润分配与亏损分担，合伙责任承担，合伙人的权利代位规则等。

7. 典型合同其他规则。规定了融资租赁合同虚构租赁物的合同效力、承租人拒绝受领权、委托合同解除的损失赔偿范围等。

九、关于法律的适用和解释规则

法律的适用，规定了合同效力的援引等规则；另外，还规定了合同条款的解释规则。

十、关于准合同

准合同是指无因管理和不当得利。说实在的，这两兄弟有点委屈，它们都属于债，问题是，债自个儿都没地儿待，合同编通则起着债法总则的功能，债下面的这两个小兄弟，只能按个准合同的名头，先安置了再说，其实与合同没任何关系。

下 篇
合同的新常识

合同的新常识之旅，就从一场突然中断的灯展说起。

一、疫情取消灯展，承租人能否请求减免租金？

【案例1】

随着元旦临近，各地又开始紧锣密鼓准备庆祝活动。依山傍水的花果山镇也不例外。与往年不同的是，今年的花果山镇庆祝活动除了传统灯展外，还聚集了房地产、名车、知名美食、精品服装、年货、非遗类文化商品、大型公益演出等，一时之间，令万众期待。

2019年12月10日，甲（出租人）与乙（承租人）签订《灯展租赁合同》，约定乙因受委托承办花果山镇灯展向甲租赁灯具，租赁费用60万元（含灯具设计、制作、运输、安装、维护、调试费），租赁期限为2020年1月1日至2020年2月18日。付款方式为签订合同时付定金10万元，发货到达目的地支付40万元，所有产品安装完毕后支付尾款10万元。合同签订后，甲于2019年12月27日完成了所有安装、调试工作。花果山镇庆祝活动如期进行，游人如织。因疫情突然暴发，根据有关部门规定，灯展活动于2020年1月19日取消。乙与甲协商，因突发疫情，灯展无法继续举行，是否可根据情势变更减免部分租金。甲不同意，且以乙违约为由（乙未在合同约定的时间节点足额支付租金，到目前仅支付15万元），向法院提起诉讼，要求乙支付剩余45万元租金。试问：乙减免租金要求能否得到法院支持？

【新规】

第五百三十三条　合同成立后，合同的基础条件发生了当事人在订立合同时无法预见的、不属于商业风险的重大变化，继续履行合同对于当事人一方明显不公平的，受不利影响的当事人可以与对方重新协商；在合理期限内协商不成的，当事人可以请求人民法院或者仲裁机构变更或者解除合同。

人民法院或者仲裁机构应当结合案件的实际情况，根据公平原则变更或者解除合同。

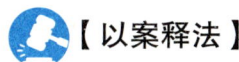【以案释法】

本则案例涉及的焦点问题是对情势变更制度的认定。

（一）认识情势变更

"情势变更"中的"情势"，是指签订合同时的客观情况；所谓"情势变更"，就是指签订合同时的客观情况发生了异常变动。假设你现在是法官，看看下面这两个情形能否适用情势变更。

（1）2021年5月，张三租了个商铺开了家推拿馆，没想到刚装修好就因为疫情反复被关停了。这边没生意，那边还要支付装修费、雇员工资、租金，经营实在是太难了！看着家人愁容满面，张三对家人说："甭担心，这个情况属于情势变更，租金可以减免！"

（2）清风公司将其名下一套老旧小区的房屋出租，租期3年，租金2 500元/月。过了两年，出租房所在的小区旧貌换新颜，绿荫环绕，风貌古朴。同地段同户型的其他房屋租金上涨更是快赶上火箭上升速度了。清风公司认为，这个情况属于情势变更，要求租客增加租金。

各位的答案是什么？有朋友说"张三推拿馆关停是情势变更，因为现在的情况与签合同时的情况发生了异常变动；清风公司的房屋租金损失不属于情势变更，而是商业风险"。这位朋友答对了一半，实际上，上述两个情形都属于商业风险而不属于情势变更。那么，到底符合什么条件才构成"情势变更"呢？

（二）情势变更适用条件

《民法典》第五百三十三条第一款前半句规定，"合同成立后，合同的基础条件发生了当事人在订立合同时无法预见的、不属于商业风险的重大变化,继续履行合同对于当事人一方明显不公平的,……"该句规定的就是情势变更所应具备的条件。根据该规定,构成情势变更须满足以下四个条件(见图1):

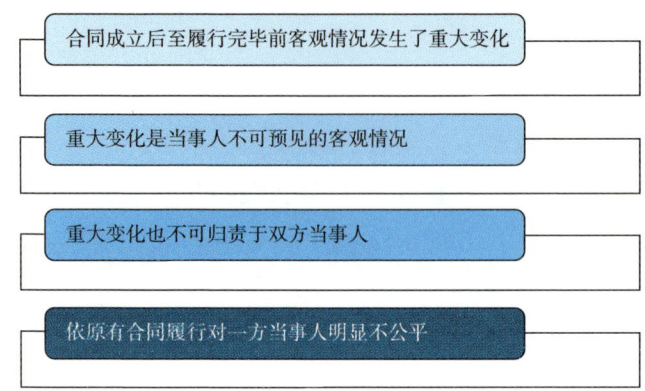

图1 构成情势变更的条件

现在,对照这四个条件,张三的推拿馆因疫情反复被关停并不属于情势变更的原因就非常清楚了。疫情2020年初开始暴发,至今没有完全消退,这期间疫情虽有被控制,但并未结束,对疫情出现反复这个情况是可以预料的,并不符合"当事人不可预见"这个条件。

回到案例1,我们通过快问快答,判断灯展取消是否属于情势变更。插一句题外话,法律是拿来用的,所以,这本书最好的使用方法,就是读者积极参与其中(可以先遮住答案,按照自己的理解来回答,看看你的答案与法律规定是否一致),这要比单纯地翻阅本书查看解读有用得多。

第一个问题:疫情是在什么时间发生的?

答:是在合同履行期间发生的。

第二个问题:疫情首次暴发,当事人甲和乙能否预见?

答:不能预见,这与疫情反复不一样。

第三个问题:疫情暴发,是否可归责于甲和乙?

答:不能归责,没有那么大的本事。

第四个问题:乙在疫情到来之前已违约,影响情势变更适用吗?

答:不影响。没付租金也不可能导致疫情!一码归一码,乙至多承担未按时支付租金的违约责任。

第五个问题：依原有合同履行是否存在对一方明显不公平？

答：存在明显不公平情形。原定展会共49天，现只能举办18天，其余31天不能举办展会。31天不能举办展会的损失全由乙承担，对乙明显不公平。

回答得非常完美！结论就是案例1中，疫情取消灯展符合情势变更构成条件。有朋友激动地说："太神奇了，我的答案竟然跟法律规定的是一样的！"是啊，法律并非高高在上，可望不可及，法律背后的逻辑其实就是我们普通人所渴望的公平、公正、诚信、平等这些最朴素的价值观。

（三）情势变更的法律效果

知道了情势变更的构成条件，还得知道情势变更的法律效果，二者缺一不可。我们接着把《民法典》第五百三十三条全部内容看完，"……继续履行合同对于当事人一方明显不公平的，受不利影响的当事人可以与对方重新协商；在合理期限内协商不成的，当事人可以请求人民法院或者仲裁机构变更或者解除合同（第一款）。人民法院或者仲裁机构应当结合案件的实际情况，根据公平原则变更或者解除合同（第二款）"。

据此，适用情势变更的法律效果分三步走：第一，由双方当事人协商。这个是必经程序，规定动作。发生情势变更，本着诚信原则，当事人之间先协商，看看是否可以就原合同内容进行变更或者解除，目的就是使失衡的权利义务再回归平衡。对受不利影响的当事人向对方当事人提出重新协商请求时，对方当事人也有义务进行协助，而不能说，"这个跟我没关系"，拒绝协商。协商重在过程而不苛求一定达成一致意见。第二，如果在合理期限内，当事人不能就合同的变更或解除达成一致意见，任何一方当事人都可以请求人民法院或仲裁机构作出最终裁断。第三，人民法院或仲裁机构结合案件的实际情况，根据公平原则就变更或解除合同，以及变更或解除合同后的法律后果等作出裁断。

回到案例1，我们继续通过案例解读法律的具体适用。如前所述，疫情取消灯展符合情势变更的构成条件，既然适用情势变更，则其法律效果分三步走：第一，当事人就变更或解除租赁合同进行协商。甲乙双方进行了协商（完成了规定动作),但未能达成一致意见,甲坚持乙支付剩余45万元租金。第二,甲乙双方未能在合理期限内达成一致意见,甲向法院提起诉讼。注意,这里向法院提起诉讼的并非受不利影响的乙,而是乙的相对人甲,法律之所以规定双方当事人都可以向法院提起诉讼,是为了尽快明确当事人之间的权利义务关系。第三步,法院结合案件具体情况,如当事人实际履约天数(办灯展实际天数)与约定履约天数的占比、乙未在合同约定时间点足额支付租金等相关因素,按照公平原则,对当事人之间权利义务进行适当调整,酌减了承租人乙部分租金。

> 古有商鞅立木建信，今人悬赏一诺千金。这也是悬赏人应遵循的理念。

二、"说唱大赛"的悬赏奖金，是否要兑现？

【案例2】

2020年12月，甲（文化公司）通过其微信公众号向社会公开发布有奖悬赏的"嘻哈说唱大赛"，明确宣称获奖冠军奖励现金28 888元，亚军奖励现金18 888元。乙报名参加了上述活动，并与甲签订一份《音乐作品许可使用合同》。"说唱大赛"开始后，社会大众通过小程序对参赛选手作品进行投票，投票时间为2020年12月24日至2020年12月28日。2021年1月，甲再次通过其微信公众号公布投票结果，投票结果显示乙为第二名。甲一直未向乙支付承诺的奖金。乙向法院起诉，要求甲支付承诺的奖金18 888元。试问，甲应支付18 888元吗？

【新规】

第四百九十九条　悬赏人以公开方式声明对完成特定行为的人支付报酬的，完成该行为的人可以请求其支付。

本则案例涉及的焦点问题是悬赏人支付约定报酬的条件。

（一）认识悬赏广告

悬赏广告，是指广告声明对完成一定行为之人给予报酬。

历史上最有名的悬赏广告莫过于商鞅的城门立木。商鞅变法一开始也不顺利，百姓认为法令不会真正得以实施。为顺利推进变法，取信于民，商鞅派人在都城的南门竖立一根三丈长的木头，之后告诉围观民众，谁能把这木头搬到北门就赏十金。十金是一笔不菲的财富，而把木头从南门搬到北门又很容易做到，因此人们并不相信，没有人去搬。于是商鞅又把赏金提高到五十金。当赏金提高后，人们开始交头接耳、跃跃欲试。有一人走出来扛起木头就往北门走，顺利完成任务。商鞅遵守承诺，奖给了那人五十金。百姓从此信任商鞅，认为这个官员言出必行，商鞅的变法也因此取得了很大的成功。从这个故事可以看出，悬赏广告讲究的是诚信，所谓一诺千金。

现代社会中，随着经济发展，悬赏广告的奖励内容就更多了，比如寻找不慎遗失的重要物品、家中走丢的老人、车祸现场的目击证人、创意文案的优胜者等等；同时，发生的纠纷相应也增多了。比如有这么一则张贴在小区的悬赏广告："如能寻回本人丢失的爱犬，重谢5 000元。爱犬特征如下……"结果有个六岁的小孩，给悬赏人送回其"爱犬"时，悬赏人却将酬金从5 000元降到2 000元，理由是捡到自己"爱犬"的小孩不识字，也没有行为能力（指法律规定的不满8周岁的未成年人为无民事行为能力人），小孩的行为纯粹就是助人为乐，不适用悬赏广告。悬赏人给小孩2 000元，也不是兑现酬金，而是对做好人好事的感谢。那么，《民法典》对此是如何规定的呢？

（二）悬赏广告构成要件

《民法典》第四百九十九条规定："悬赏人以公开方式声明对完成特定行为的人支付报酬的，完成该行为的人可以请求其支付。"该条款规定的就是悬赏广告。根据该规定，悬赏广告的构成要件须符合以下条件：

其一，悬赏人以公开方式声明。公开的方式不受限，不论报纸、微信公众号、广播电视，还是公开的宣传栏张贴广告等都可以，只要能够让不特定的多数人知道其意思表示，就属于公开方式声明。

其二，明确要完成的特定行为。悬赏人在公开声明中，对行为人要完成的特定行为有具体、明确的表达。

其三，悬赏人具有明确的支付报酬的意思表示。比如前面所说的"如能寻回本人丢失的爱犬，重谢5 000元"。

悬赏广告一旦符合上述三个条件，完成该特定行为的人就可以请求悬赏人支付约定的报酬，悬赏人不得拒绝。

（三）法律的具体适用

回到案例2，我们通过案例解读法律的具体适用。

首先，认定甲发布的有奖悬赏"嘻哈说唱大赛"是否构成悬赏广告。

我们看其是否满足三个构成要件：①悬赏人以公开方式声明。甲在微信公众号发布举办说唱大赛消息，属于以公开的方式声明。②完成特定的行为明确。选手于规定时间参加"嘻哈说唱"大赛，社会公众通过小程序对参赛选手作品进行投票，再由甲通过微信公众号公布投票结果，且只对公布投票结果的冠、亚军进行奖励。③悬赏人具有明确的支付报酬的意思表示。甲发布的悬赏广告明确对其中的获奖冠军奖励现金28 888元，亚军奖励现金18 888元。通过上述分析，可以认定甲发布的"嘻哈说唱大赛"符合悬赏广告构成要件（这类悬赏广告属于优等悬赏广告，即仅对其中被评定为优等之人给予报酬）。

其次，完成特定行为人可以请求悬赏人支付报酬。乙完成了特定行为（参加"嘻哈说唱大赛"并且根据甲在微信公众号公布的投票结果，乙获得第二名），可以请求甲（悬赏人）支付约定报酬，甲不得拒绝。据此，甲应向乙支付约定的18 888元报酬。

> 悬赏人需要诚信，拥有优势地位的格式条款提供方（比如房产商）更应具备诚信的品质。

三、重要格式条款未提示，能否主张不列入合同内容？

【案例3】

2015年12月，甲（卖方）与乙（买方）签订《商品房预售合同》，约定乙向甲购买案涉房屋，总价300万元。合同第二条约定："甲所做的售楼广告、售楼书、宣传资料、样板房或其他与该房屋及或该房屋所在楼盘有关的资料仅为宣传目的而设立或提供，不列为本合同的附件或组成部分，乙不得援引其中任何内容或信息以解释任何事项，或据以提出任何主张或要求。"该条款与其他条款外观无任何差异，卖方在签约过程中也未做任何提示。双方当事人还另行签订了《客户签约确认书》，该确认书底端有"本人对以上所填信息确认无误，并对商品房预售合同条款无任何异议"。合同签订后，乙支付了全部购房款。

案涉商品房交付后，乙发现所购房屋的小区并没有宣传资料所说的"室外游泳池"，认为甲违约，要求其承担违约责任。甲认为其并不存在违约行为，理由有三点：其一，案涉预售合同并没有约定甲需向乙交付游泳池；其二，预售合同明确约定"甲所作的宣传资料所载内容不列为合同组成部分"；其三，当事人签订了《客户签约确认书》，确认书底端"对商品房预售合同条款无任何异议"的语句设定加粗、下划线格式，乙在签署时不可能忽视。甲在案涉预售合同签署后，再以书面形式确认乙系清楚知悉且接受合同条款的，甲已尽到合理提示、说明义务，预售合同所有条款均具备法律效力。

试问，乙能否主张《商品房预售合同》第二条即"宣传资料所载内容不作为合同组成部分"不列入合同内容?

【新规】

第四百九十六条 格式条款是当事人为了重复使用而预先拟定,并在订立合同时未与对方协商的条款。

采用格式条款订立合同的,提供格式条款的一方应当遵循公平原则确定当事人之间的权利和义务,并采取合理的方式提示对方注意免除或者减轻其责任等与对方有重大利害关系的条款,按照对方的要求,对该条款予以说明。提供格式条款的一方未履行提示或者说明义务,致使对方没有注意或者理解与其有重大利害关系的条款的,对方可以主张该条款不成为合同的内容。

【以案释法】

本则案例涉及的焦点问题是相对人对未尽充分提示或说明义务的且与其有重大利害关系的格式条款,能否主张不列入合同内容。

(一)认识格式条款

格式条款,就是当事人为了重复使用而预先拟定,并在订立合同时未与对方协商的条款。

生活中处处可见格式条款。比如供电、供水、供气,开通有线电视、安装电话、手机入网,办理银行卡、信用卡、向银行贷款、购买汽车保险,签订的合同都是格式条款;至于网络上的格式条款就更多了。比如网络购物要注册平台用户协议,协议就是密密麻麻一长串的条款,最后一个方框,点击"同意",程序继续运行下去,注册成为用户;否则就退出注册程序。这个平台用户协议,就是典型的格式条款。

格式条款既然与我们的生活这么密切,那么,格式条款是否都具有法律效力呢?比如以下格式条款:店堂告示"特价商品一经售出概不负责""赠品概不退换";停车场旁立块牌子,上边书写"车辆毁损概不负责";购买的各类消费卡，卡的背面写一行字，"本商家有最终的解释权"；网络平台的"签收商品即视为商品质量符合约定"。各位可以自测一下，看看我们在生活中的维权能力。答案就是这些条款统统都不具有法律效力，理由是以上列举的这些格式条款都排除或限制了对方当事人的主要权利。而这类格式条款还有一个众所周知的小名，叫"霸王条款"。

那么格式条款与"霸王条款"是不是一回事？答案是有关联，但不等同。"霸王条款"一定是格式条款，但格式条款不一定"霸王"。格式条款如果不"霸王"，也是有利于经济发展的，最大好处就是签约非常简便，相对方只有"同意"或"不同意"两个选项，省略了磋商阶段，这样一来就节约了交易时间，降低了交易成本。但同时就像一个硬币有正反面一样，由于人的趋利性，提供格式条款方（以下简称提供方）难免会利用自己的优势地位，将权利义务做不平衡分配（典型的如免责条款、法院管辖地条款）。那么，对格式条款能否扬其长避其短，既保留签约简便，又能使合同内容达到公平的理想状态？

（二）提供格式条款方权利的限制

关键时刻，民法这位睿智的"慈母"（法国启蒙思想家孟德斯鸠曾经说过："在民法慈母般的眼里，每一个个人就是整个的国家。"）发话了："这有何难，从两方面入手即可。实体上，作为格式条款的提供方在订立合同中处于优势地位，所以其拟定的格式条款内容要公平，自己写出来的条款不能把权利好处都归为是自己的，义务都是对方的，这样的条款统统无效。程序上，如果是减轻或免除自己责任的条款，就要用合理的方式，比如黑体字、字体变大，提示对方注意这些条款（主动提示），对方如未能充分理解该等条款的意思，则要根据他们的要求进行解释说明（被动说明）。"对此，《民法典》第四百九十六条第二款第一句规定，"采用格式条款订立合同的，提供格式条款的一方应当遵循公平原则确定当事人之间的权利和义务，并采取合理的方式提示对方注意免除或者减轻其责任等与对方有重大利害关系的条款，按照对方的要求，对该条款予以说明"。

提供方也不全是省心的。有的提供方就说："偏不！辛辛苦苦拟定的格式条款，总共也就那么一二条对自己有利，还要提醒对方注意，对方明白过来不肯签约了，怎么办？我就不说，又能拿我怎样？"

（三）重要格式条款未提示或说明相对人可主张不列入合同内容

别说，真有办法，还是釜底抽薪的那种办法。《民法典》第四百九十六条第二款第二句继续规定，"提供格式条款的一方未履行提示或者说明义务，致使对方没有注意或者理解与其有重大利害关系的条款的，对方可以主张该条款不成为合同的内容"。啥意思呢？特简单，就是签合同时，提供方得主动跟对方说："兄弟，这个合同，其他条款都没啥，就这几个用特别字体标识出来的，你重点看一看，能不能接受；如果有不明白的，就问我。都没问题的话，我们就签约。"如果没做这些规定动作，致使相对人不知道或没有理解这些与其有重大利害关系的格式条款，相对人可以主张该等条款不成为合同内容。

问各位一个问题，提供方对与相对人有重要利害关系的格式条款，是否只要尽了合理提示或说明义务，就是有效条款？注意，这也不一定是有效的。尽了合理提示或说明义务，只是说该等条款列入合同内容，至于合同内容效力的判断，仍要遵循公正原则进行审查。只有这样，才能使格式条款提供方与相对方的权利义务达到平衡。

（四）法律的具体适用

回到案例3。我们通过案例解读法律的具体适用。

乙能否主张与其有重大利害关系的商品房预售合同第二条不列入合同内容，需检视以下内容：

第一，《商品房预售合同》是否属于格式条款。该合同是甲为了重复使用而预先拟定，且在签约时未与乙协商，性质上属于格式条款。

第二，预售合同第二条是否属于与乙有重大利害关系的格式条款。消费者购买房屋，通常会把售楼广告、宣传资料作为其是否选择该楼盘的重要因素之一。甲通过预售合同（第二条）明确约定，甲所作的售楼广告、宣传资料或其他与该房屋及或该房屋所在楼盘有关资料仅为宣传目的而设立或提供，不列入本合同的附件或组成部分。该条款免除或减轻了提供方的责任，也与购房者的预期利益不符，显然属于与乙有重大利害关系的格式条款。

第三，甲对预售合同第二条是否尽合理的提示或说明义务。该条款对乙而言，是与其有重大利害关系的格式条款。但该条款湮没于其他格式条款之中，外观上与其他条款无任何差异；签约过程中，甲也未对该条款作任何提示或说明义务，即甲对该格式条款未尽合理提示义务。

这里还要解决另一个问题，对于当事人另行签订的《客户签约确认书》底端"对商品房预售合同条款无任何异议"的语句设定加粗、下划线格式，甲的这个操作能否视为其已尽合理的提示或说明义务？

如前所述，格式条款的内容，相对方不能进行磋商，因而相对方签约时通常不太会去看合同内容，相对方基本上是拿起笔让在哪签字就在哪签字。为确保当事人之间权利义务的平衡，法律规定对相对方有重大利害关系的格式条款，提供方要尽合理的提示或说明义务，其目的就是使相对方在充分了解合同内容，尤其是存在对其不利情况下，做出符合其内心意愿的真实意思表示。现甲未对预售合同第二条尽到合理提示义务，仅对《客户签约确认书》底端"对商品房预售合同条款无任何异议"的语句设定加粗、下划线格式，该方式并未有效指引相对方迅速找到对其有重大利害关系的条款，预售合同第二条仍置于密密麻麻的格式条款中，据此，不能认为提供方对预售合同第二条已尽到合理提示义务。

据此，乙主张预售合同第二条不作为合同内容，符合法律相关规定。

既然预售合同第二条不作为合同内容，则宣传资料中所说的案涉房屋所在小区设有"室外游泳池"，内容明确具体，且对购房者的购房决策产生实质影响，应视为要约。现案涉房屋所在小区并无室外游泳池，甲的行为构成违约，应承担相应违约责任。

> "人而无信，不知其可也。"法条的背后，是立法者对于诚信这个核心价值观的践行与坚守。

四、未办理批准手续的合同未生效，报批条款独立生效吗？

【案例4】

2017年11月，甲（砂场转让方）与乙（受让方）签订《砂场转包合同书》，约定：甲将其承包的砂场转包给乙，合同期限为自本合同签订之日起至甲承包权利终止之日止；价格为550万元；甲须保证本次转包经营行为已经过原发包方同意；甲须保证乙承包后依法享有该砂场范围内的砂场使用权、开采权、管理权、经营权，且不干涉乙以上权利；甲收到乙全部承包费用后，须配合乙办理转包范围内的采矿权转让合同报批手续。合同签订后，乙支付了550万元转让费，甲一直未配合办理采矿权转让合同报批手续，致使案涉合同未生效。试问，案涉合同未生效情况下，乙能否请求甲继续协助办理采矿权转让合同报批手续？

【新规】

第五百零二条 依法成立的合同，自成立时生效，但是法律另有规定或者当事人另有约定的除外。

依照法律、行政法规的规定，合同应当办理批准等手续的，依照其规定。未办理批准等手续影响合同生效的，不影响合同中履行报批等义务条款以及相关条款的效力。应当办理申请批准等手续的当事人未履行义务的，对方可以请求其承担违反该义务的责任。

【以案释法】

本则案例涉及的焦点问题是报批条款在合同未生效的情况下是否独立生效。

（一）采矿权转让合同的困局

矿产因其稀缺而变得独特，这种独特性持续辐射，表现在法律上，有两个特殊性：其一，采矿权转让须经有权机关批准。准予转让的，转让人和受让人要到原发证机关办理变更登记手续。矿产转让合同自有权机关批准之日起生效，这不同于一般合同自签订之日起生效。其二，矿产转让合同自批准之日起生效，因而当事人所签订的矿产转让合同通常约定转让人负有协助办理报批手续的义务。

困局有时会不期而至。矿产转让合同签订后，转让人如果未按合同约定协助办理报批手续（至于批准机关是否同意批准，是另外一个层面的问题了），且一直以各种理由拖延，此时，矿产转让合同因未经有权机关批准而未生效。合同未生效，受让人要求转让人继续按照合同约定履行报批义务就失去了法律依据，因为通常情况下，只有合同生效，当事人才可以要求相对方履行合同义务。但如果对转让人缺乏诚信的行为没有任何办法制约，转让人就可以毫无顾忌地看菜下饭，哪个行为对其有利就按哪个来。这样既违背诚信原则，也不符合当事人的真实意愿，同时与鼓励交易的立法目的也相去甚远。

（二）报批义务条款独立生效

为解决该困局，《民法典》第五百零二条第二款第二句规定，"未办理批准等手续影响合同生效的，不影响合同中履行报批等义务条款以及相关条款的效力"。根据该规定，明确将履行报批等义务条款及相关条款（以下简称报批义务条款）作为特殊条款予以独立对待，即合同整体因未办理批准手续未生效，也不影响报批义务条款独立生效。既然报批义务条款独立生效，则负有报批义务的一方当事人未履行义务时，相对人就可以单独依据该条款要求其承担违反该义务的责任。对此，《民法典》第五百零二条第二款第三句规定,"应当办理申请批准等手续的当事人未履行义务的,对方可以请求其承担违反该义务的责任"。该责任可参照合同违约责任,可以包括继续履行、赔偿损失等形式。

报批义务条款独立生效,很好地解决了前面所说的困局问题,该条款究其实质仍脱离不了诚信二字。

(三)法律的具体适用

回到案例4。通过案例解读法律的具体适用。

第一,确定案涉《砂场转包合同书》的法律性质。甲与乙签订《砂场转包合同书》,明确约定转让的标的为砂场的使用权、开采权、管理权、经营权,四个权利的核心是转让矿产开采权,因而案涉《砂场转包合同书》的争议实质是采矿权转让合同纠纷。

第二,案涉采矿权转让合同未生效。矿产转让合同自批准之日起生效。因甲一直未协助办理矿产转让合同的报批手续,该合同尚未生效(需注意的是,并非甲协助办理转让合同报批手续,审批机关就一定批准。重点在于甲须有协助办理报批手续的行为)。

第三,报批义务条款独立生效。案涉采矿权转让合同未曾向政府有权审批机关报请批准,为维护交易安全,双方当事人应遵守诚信原则,积极促使合同生效,努力消除合同未生效的因素。乙可基于合同中的报批义务条款(独立生效),要求甲履行协助办理报批义务。

> 离开了砂场，我们的目光再一次聚焦到房地产市场。承载着百姓安居乐业愿望的房子，总有说不完的故事。

五、商品房认购书，如何认定是预约还是本约？

【案例5】

2021年4月23日，甲（出卖方）与乙（买受人）签订《商品房认购协议》（以下简称《认购协议》），约定了案涉商品房基本情况、房屋总价款、付款方式等，但未约定基础设施和公共设施的交付承诺和相关权益。双方责任约定："甲乙双方签订本认购书后，若甲关于承诺的案涉商品房带租出售事宜未与管委会达成一致，甲应告知乙（包括电话、短信、微信等形式），若乙仍愿意购买则价格不得超过本认购协议约定的总价格；若甲关于案涉商品房的租赁事项与管委会达成一致，则乙需于收到甲通知（包括但不限于电话、函件、短信等）后7日之内按照2 000万元房价签订《商品房买卖合同》，逾期签约甲可以另售该商品房，乙不得追究甲任何责任，诚意金甲无息退还乙。"违约责任约定："本认购书违约责任的约定不因签订《商品房买卖合同》而失效，认购书与《商品房买卖合同》内容不一致的，以《商品房买卖合同》为准。"

《认购协议》签订之后，2021年5月5日，甲向乙邮寄了《催签函》。函告内容"……按照双方签订认购协议约定……现已明确案涉房屋带租出售未与管委会达成一致，我司现以不带租约形式销售该商品房。如同意购买，则需在收到本函件之日起5日内回复并签订正式的《商品房买卖合同》"。乙逾期未回复。5月15日，甲再一次向乙送达《催签函》。经查询，两份《催签函》均在邮寄之日就已送达。6月10日，乙回复同意购买，此时，甲已将案涉房屋出售给第三人。乙认为《认购协议》实际为《商品房买卖合同》，甲的行为构成违约，应向其赔偿房屋差价损失200万元。甲以其并无违约事由拒绝赔偿。试问，双方签订的《认购协议》，性质属于预约还是本约？

【新规】

第四百九十五条 当事人约定在将来一定期限内订立合同的认购书、订购书、预订书等，构成预约合同。

当事人一方不履行预约合同约定的订立合同义务的，对方可以请求其承担预约合同的违约责任。

【以案释法】

本则案例涉及的焦点问题是预约与本约的区分标准。

（一）认识预约合同

分享一则预约合同起源的故事。

早期的买卖合同，属于要物合同（所谓要物合同，是指合同的成立不仅要意思表示一致，还要交付标的物）。假设有人要买一批市场上特别紧俏的保温杯，买卖合同不像现在这样签订合同时就成立了，而是要等到卖家把杯子交付给买家（要物）才成立。这样会出现一个风险：在保温杯交付之前，一旦有出价更高的其他买家，出卖人可以随时更换买主，还无须承担违约责任，因为此时合同尚未成立。为避免不诚信的行为发生，就将当事人意思达成一致的合意作为预约合同加以救济。立法上最早确认预约合同的，就是大名鼎鼎的《拿破仑法典》。接下来就聊聊我国的预约合同。

预约合同在生活中很常见。举几个例子。比如，金九银十，旅游旺季。A旅行社与E酒店人员商量说："下个月我要订100间房间，但哪几天现在还不确定，我们先签个预订书，等各方面信息确定后，再签订正式的订房合同。"酒店人员说："可以啊，但别把房价压太低。"这里的预订书就是预约合同，将来正式签订的订房合同则是本约。再比如，张三拟向李四借一笔钱，李四说："借钱可以，但要到下个月，下个月有笔闲钱，你真要借的话，我们就签个预借合同，等钱到位了，我们再签订正式的借款合同。"这里的预借合同就是预约，将来正式签订的借款合同就是本约。从上面的例子可以看出预约合同的适用范围很广，租赁、商品房买卖、承揽工程、民间借贷、股权转让等领域均可订立预约合同。预约的目的在于成立本约，当事人之所以不直接订立本约，主要原因在于法律上或事实上的理由，致使订立本约的条件尚不成熟。于是先订立预约，用以约束当事人来确保本约的订立。

（二）预约和本约的界定标准

预约和本约，也并不总是泾渭分明。比如，有一份商品房认购书，名称虽然是认购书，但明确约定了买卖房屋的位置、面积、价款，甚至包括违约责任，凭这个认购书完全可以直接履行，而无须再订立本约。那么，这个认购书应该被认定为预约还是本约呢？

《民法典》第四百九十五条第一款规定，"当事人约定在将来一定期限内订立合同的认购书、订购书、预订书等，构成预约合同"。该条款规定的就是预约合同。根据该规定，预约和本约最本质的区别为是否要另行订立合同。怎么理解这句话呢？就是看合同的内容，是否有明确的将来一定期限内另行订立合同的意思表示。如果有，通常情况下，应将其认定为预约合同。如果当事人的意思不明或有争执，则须结合当事人的真实意思表示、合同的整体内容以及当事人的实际履行情况加以综合判断。

回到案例5。我们通过案例解读法律的具体适用。

甲乙双方签订《认购协议》，对于协议的性质，甲认为是预约，而乙认为是本约。按照刚才所说，我们看协议内容是否有明确的将来一定期限内另行订立合同的意思表示。

《订购协议》双方责任约定："案涉商品房带租出售事宜未与管委会达成一致，甲应告知乙（包括电话、短信、微信等形式），若乙仍愿意购买则价格不得超过本认购协议约定的总价格；案涉商品房带租出售事宜与管委会达成一致，则乙须于收到甲通知（包括但不限于电话、函件、短信等）后7日之内按照2 000万元房价签订《商品房买卖合同》，逾期签约甲可以另售该商品房，乙不得追究甲任何责任，诚意金甲无息退还乙。"

根据该约定，商品房买卖合同能否签订取决于商品房是否带租出售事实确定之后再由乙决定，且明确规定第二种情形下（带租出售与管委会达成一致），乙须于收到甲通知之日起7日内按2 000万元房价签订《商品房买卖合同》。需注意的是，本条约定虽未明确规定出现第一种情形（带租出售未与管委会达成一致），乙仍愿意购买商品房，是否须另行签订商品房买卖合同，但根据举轻明重原则，既然购房价都已经明确的第二种情形尚须另行签订《商品房买卖合同》，更不用说购房价尚不明确的第一种情形。另外，违约责任约定："本认购书违约责任的约定不因签订《商品房买卖合同》而失效，认购书与《商品房买卖合同》内容不一致的，以《商品房买卖合同》为准。"

据此，结合当事人真实的意思表示以及通观合同整体内容，可以认定案涉《认购协议》具有明确的将来一定期限内另行订立合同的意思表示，此《认购协议》应为预约而非本约。

（三）预约合同的违约责任

预约合同是以订立本约为目的的独立的合同，当事人违反约定，不履行订立本约的义务，也应承担违约责任。《民法典》第四百九十五条第二款规定，"当事人一方不履行预约合同约定的订立合同义务的，对方可以请求其承担预约合同的违约责任"。比如张一拟承租赵二的A屋，但A屋现已出租给了方三。赵二与张一约定，其与方三的租约到期就将A屋租给张一，双方签了《预租合同》，约定届时赵二未按约出租，要支付给张一违约金1万元。后赵二未按约将A屋出租给张一，向张一支付1万元违约金。

继续回到案例5。接下来讨论，甲将案涉房屋出售给第三人，是否要承担违约责任？

案涉《认购协议》仅约定了达成租约的情况下，乙须于收到甲通知后7日内按2 000万元房价正式签订本约，逾期签约甲可另行出售给第三人，且无须承担违约责任。租约未达成情况下，签订本约也可参照上述期限办理。2021年5月5日，乙就已收到通知，但其直到6月10日才回复同意购买，早已超出了双方约定的签约期限。因而，甲有权根据合同约定将案涉房屋出售给第三人，且无须违担违约责任。

> 一般而言,标的物的交付意味着风险的转移。对网络购物标的物交付时间的规定,彰显了法律的公正性。

六、网购商品被他人领走,商家要赔偿吗?

【案例6】

2021年6月15日,甲(消费者)向乙(平台)购买两箱自营奶粉,付款2 000元,并填写了收货人相关信息,收货人为甲本人。2021年6月19日,甲既未收到所购奶粉也未接到快递公司电话,通过查询所购商品的订单物流信息,显示其所购奶粉早于2021年6月18日就已被签收,签收人为丁。甲就此事多次与乙沟通,要求乙退还全部价款。乙认为其已按甲提供的地址寄送甲所购商品,第三方快递公司的配送员也是按时配送,并将案涉商品交付给了甲指定的丁(甲对此不予认可)。据此,乙认为其已按约履行了交付义务,不存在违约行为,拒绝退还甲所购奶粉的价款。试问,乙须向甲退还2 000元吗?

【新规】

第五百一十二条 通过互联网等信息网络订立的电子合同的标的为交付商品并采用快递物流方式交付的,收货人的签收时间为交付时间。电子合同的标的为提供服务的,生成的电子凭证或者实物凭证中载明的时间为提供服务时间;前述凭证没有载明时间或者载明时间与实际提供服务时间不一致的,以实际提供服务的时间为准。

电子合同的标的物为采用在线传输方式交付的,合同标的物进入对方当事人指定的特定系统且能够检索识别的时间为交付时间。

电子合同当事人对交付商品或者提供服务的方式、时间另有约定的,按照其约定。

【以案释法】

本则案例涉及的焦点问题是电子合同标的物的交付时间。

(一)传统标的物的交付时间

买卖合同标的物交付时间与风险密切相关,如无法律规定或当事人约定,在标的物交付之前由出卖人承担,交付之后由买受人承担。举三个生活常景,各位自行体会。

(1)到景德镇旅游,买了一套茶具,老板把茶具交付给顾客,风险就转移给顾客。

(2)到景德镇旅游,买了些瓷器,顾客委托老板快递给自己,未约定案涉瓷器风险转移时间。按法律规定,老板将瓷器包装好交给快递公司(承运人)的时候,所购瓷器毁损、灭失的风险就转移给顾客。由于天气异常,收到的全是破碎的瓷器,没办法,只能顾客自己承担。

(3)再次到景德镇旅游,顾客又买了些瓷器,还想委托老板快递,这一次接受上次的教训,约定了实际收到瓷器时,风险才转移给自己。又是天气异常,收到时又全是破碎的瓷器。这一次,损失由店老板承担。

这是传统的标的物交付时间,也就是所谓的线下交易的交付时间规定。网络购物,买受人所购商品,通常是由第三方快递公司配送商品,此时,又该如何确定标的物的交付时间?究竟以卖家将标的物交付给快递公司作为交付时间,或是快递公司将标的物送到指定的智能快件箱(或其他指定点)作为交付时间,还是以收件人实际签收时间作为交付时间?

(二)电子合同标的为交付商品的交付时间认定

《民法典》第五百一十二条第一款第一句规定,"通过互联网等信息网络订立的电子合同的标的为交付商品并采用快递物流方式交付的,收货人的签收时间为交付时间"。根据该规定,网络购物标的为交付商品,又是通过快递方式交付的，则收货人的签收时间为交付时间。这里的"签收时间"是指收货人当面查验快递公司交付的商品后的签收时间。如果快递物流企业使用智能快件箱等形式进行递送，则以收货人打开智能快件箱实际收到商品的时间为准。这样的规定，显然更符合公平原则，毕竟相较于线下传统实体商品的交付，线上交易有其特殊性。

回到案例6，通过案例解读法律的具体适用。

甲在乙的平台购买了两箱自营奶粉，双方之间成立了网络购物合同关系。甲在线支付了所购商品的价款，履行了买受人的付款义务；乙作为出卖人，负有向甲交付所购商品的义务，交付时间为甲的实际签收时间。乙虽按甲提供的地址寄送甲所购商品，但所购商品被案外人丁领取，且没有证据能够证明快递公司将甲所购商品交付给案外人丁经过甲的确认。因而，乙尚未完成案涉商品的交付义务，构成违约，乙应向甲返还所购商品价款。

（三）电子合同标的为提供服务的交付时间认定

接下来要讨论的是电子合同标的为提供服务的交付时间认定。这种情况也很常见，比如参加网络绘画培训、好友聚会订购餐券、外出办事预约出租车、预订电影票、找家政服务等等，这些电子合同的标的都是提供服务，那么，商家提供服务的时间如何确定呢？《民法典》第五百一十二条第一款的第二句规定，"电子合同的标的为提供服务的，生成的电子凭证或者实物凭证中载明的时间为提供服务时间；前述凭证没有载明时间或者载明时间与实际提供服务时间不一致的，以实际提供服务的时间为准"。这个很好理解，比如网上订购的电影票放映时间为2022年3月1日12：30~14：18，则电子凭证中载明的时间段就是提供服务的时间；又如网上订购的餐券，生成的电子凭证上载明的时间为2022年5月10日，顾客与商家商量延迟至5月12日用餐，商家同意改期消费，则以5月12日作为商家实际提供服务的时间。

当然，如果电子合同当事人对交付商品或者提供服务的方式、时间另有约定的，根据当事人意思自治原则，按照其约定。

> 无权代理人实施的代理行为，对被代理人并非总是不具有法律效力。有时，被代理人的自身行为会让无权代理人咸鱼翻身。

七、被代理人履行无权代理合同，视为对合同的追认？

【案例7】

2021年5月10日，案外人丙（系乙的母亲）以乙的名义（认购方）与甲（出售方）签订《商品房认购协议书》，约定：乙自愿认购甲名下的商品房一套，总价300万元。乙应于签订本认购书的同时，向甲支付人民币10万元作为购买该房屋的定金。在签订《商品房买卖合同》时，乙方交付的定金转为《商品房买卖合同》中约定的定金并按《商品房买卖合同》的约定充抵房款。甲乙双方一致同意，乙应于2021年5月20日前至楼盘销售中心付款，同时签订《商品房买卖合同》及其附属文件。乙（签章）处由案外人丙代签了乙的名字，同时签署了丙的名字。同时，甲向案外人丙发送微信，提供打款账户名称、开户银行、账号及地址。

2021年5月11日，乙向甲打款10万元，备注为：乙，定金。同日，丙通过微信将转账截图发送给甲。当晚，乙向甲提出其并未在案涉《商品房认购协议书》签名确认，该认购协议未成立，要求甲退回其支付的10万元定金。甲告知乙，认购协议已成立并生效，如乙不签订案涉《商品房买卖合同》，10万元定金将不予返还。试问，该《商品房认购协议书》有效吗？

【新规】

第五百零三条　无权代理人以被代理人的名义订立合同，被代理人已经开始履行合同义务或者接受相对人履行的，视为对合同的追认。

【以案释法】

本则案例涉及的焦点问题是被代理人已经开始履行合同义务是否能被视为对无权代理合同的追认。

（一）认识无权代理

以有无代理权表象为标准，无权代理可分为表见代理和狭义上的无权代理两种，并被赋予不同的法律效果。表见代理是指行为人虽然是无权代理，但相对人有正当理由相信行为人有代理权，代理行为仍然有效。举例来说，张三是A公司的业务人员，A公司曾出具授权委托书，授权张三代表A公司与C公司签订销售合同、收取货款。两家公司已合作多年，一直由张三作为授权代表与C公司签订合同，收取货款。后A公司解除与张三的劳动合同，但未及时告知C公司相关情况。张三在已无代理权的情况下，仍到C公司收取货款。C公司在不知情的情况下，像往常一样，将一笔5万元的现金货款交给张三，张三收到货款后并未将该货款交A公司（张三认可收到货款）。这个时候，张三实际已无代理权（代理权终止），但C公司有正当理由相信张三仍有代理权（基于A公司曾经出具的授权委托书，以及多年以来一直由张三收取货款后再交回A公司的模式）。为平衡被代理人和无过错的相对方的利益，维护交易安全，法律认为这种情况下代理行为有效，这就是表见代理。

狭义的无权代理包括三种情形：行为人没有代理权、超越代理权或者代理权终止后，仍然实施代理行为且该代理行为未经被代理人追认。这里要注意的一点是，本书所指的无权代理，如未明确说明是表见代理，则均是指狭义的无权代理。

狭义的无权代理也举几个常见情形。第一，行为人没有代理权。比如赵三看到C公司的厂房空着，也没人管，就伪造C公司的授权委托书，假冒C公司的名义出租厂房。第二，超越代理权。比如被代理人授权代理人购买100台电视机，结果代理人不仅买了电视机，还买了50台电冰箱。第三，代理权终止后仍实施代理行为。比如被代理人授权代理人参与某项目的第一次谈判，第一次谈判结束，代理权限即终止，该代理人如继续参与第二次的谈判，则属于无权代理。无权代理经被代理人追认,则对被代理人发生效力。

(二)对无权代理默示追认的认定

接下来讨论一个问题,被代理人对于无权代理人签订的合同并没有明确予以追认,但实际上被代理人又接受了相对人的履行,或自己就直接履行合同了,这个时候,无权代理人签订的合同对被代理人是否具有效力呢?对此,《民法典》第五百零三条规定:"无权代理人以被代理人的名义订立合同,被代理人已经开始履行合同义务或者接受相对人履行的,视为对合同的追认。"我们知道,追认是一种单方的意思表示,意思表示的方式主要有明示和默示(极特殊情况下还可以是沉默)。明示的表示方式就是直截了当,比如被代理人直接说:"这个无权代理合同,我认了。"默示的表示方式就是不用语言或文字,而是通过行为推定其做出一定的意思表示。现在我们看第五百零三条规定,对于无权代理人以被代理人名义订立的合同,被代理人"已经开始履行合同义务"或者"接受相对人履行的",这是对无权代理合同的积极正面反馈,是被代理人以实际行动回答了对无权代理合同的认可。因而法律规定,在这种情形下,视为对无权代理合同的追认,且是以默示方式进行追认。

(三)法律的具体适用

回到案例7。我们通过案例解读法律的具体适用。

丙在乙不知情的情况下,以乙的名义与甲签订案涉《商品房认购协议》,乙本人也未在该认购协议中签名确认,丙的行为属于无代理权的无权代理。事后,乙根据甲提供的打款账户名称、开户银行,按照认购协议的约定,向甲支付了10万元定金,乙的行为视为对案涉《商品房认购协议》的追认,案涉《商品房认购协议》已成立并生效。

> 争议纠纷的发生，很多时候是源于当事人缺乏对规则的了解。

八、选择之债，选择权会发生转移吗？

【案例8】

2018年10月18日，甲（广告公司）与乙（家居公司）签订《广告发布业务合同》，载明："乙委托甲于2018年10月18日至2019年10月18日期间发布平面媒体广告，付款方式为全部广告款以乙经营产品折抵广告费，按市场最优价折算。"该合同终止后，甲、乙另行签订合同继续由甲为乙提供广告发布业务。

2020年12月25日，甲、乙对此前往来业务对账，由乙法定代表人向甲出具《取货凭证》，载明："双方签订的广告服务合同，合计总置换物品金额65万元，截至2020年12月12日，甲已取物品15万元，尚有50万元物品未取。对于未取物品，甲应于2021年3月30日前选定具体物品，该等物品可从乙旗下所有经营品牌中自由选定，包括但不限于卫浴、空调、热水器等产品，结算价格按照同类物品的市场最优价进行结算。"甲未在约定期限内选定物品，2021年4月1日，乙向甲送达《选择权行使的催告书》（以下简称《催告书》），载明："贵司未在约定的期限内行使选择权，现向贵司进行催告，请贵司在4月15日前选定物品，如在该宽限期内仍未选定物品，则选择权转移至乙。"试问，过了4月15日，甲就不再享有选择权了吗？

【新规】

第五百一十五条　标的有多项而债务人只需履行其中一项的，债务人享有选择权;但是,法律另有规定、当事人另有约定或者另有交易习惯的除外。

享有选择权的当事人在约定期限内或者履行期限届满未作选择,经催告后在合理期限内仍未选择的,选择权转移至对方。

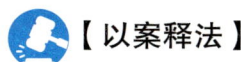【以案释法】

本则案例涉及的焦点问题是选择权发生转移的条件。

（一）认识选择之债

合同编在《民法典》的地位,是明降实升,升的缘由就是合同编通则起着债法总则的作用。比如,这个选择之债,就不仅适用于合同之债,还可以作为债法的一般性规则。

选择之债在生活中很常见。比如,某平台的稿酬领取支付方式有两种选择:一个是给付现金;另一个给付按3倍现金充值的阅读卡。作者可在二者之中选取一个,要么现金,要么阅读卡,这个就是典型的选择之债。再比如,某饭店提供团队餐,既可以是中餐,也可以是西餐,饭店只要履行其中一项即可。因而,对于选择之债,谁享有选择权就至关重要。

《民法典》第五百一十五条第一款规定,"标的有多项而债务人只需履行其中一项的,债务人享有选择权;但是,法律另有规定、当事人另有约定或者另有交易习惯的除外"。根据该规定,债务人原则上享有选择权,主要是便于债务人根据实际情况,作出最适宜履行债务的选择,以确保交易的顺利完成。但如果法律另有规定,或当事人另有约定,以及另有交易习惯,则依据法律规定、当事人约定或者交易习惯。当事人行使选择权,不论是债权人还是债务人,应立即通知对方,通知到达对方时,标的确定。比如刚才举例描述的稿酬支付方式,不论作者是选择现金还是阅读卡,一旦选定,作者就应立即通知平台。通知到达平台时,债的标的就确定,平台按约履行了债务（交付现金或阅读卡）,债务就履行完毕。

（二）选择权的转移

接下来讨论的问题是，如果享有选择权的当事人迟迟不行使选择权，致使债的标的不能确定时，选择权能否发生转移。比如，享有选择权的是债权人，债权人不行使选择权，债的标的就不能确定，债务人就无法履行债务，又或者享有选择权的是债务人，债务人不行使选择权，债的标的不能确定，债权人也就无法主张权利，这个时候选择权能否发生转移，促使债务的履行回归到正常轨道？《民法典》第五百一十五条第二款规定，"享有选择权的当事人在约定期限内或者履行期限届满未作选择，经催告后在合理期限内仍未选择的，选择权转移至对方"。根据该规定，选择权发生转移，须符合如下条件（如图2所示）：

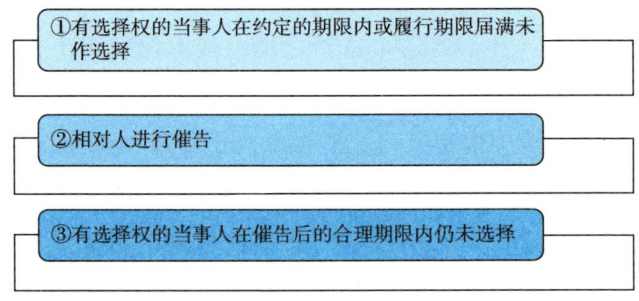

图2　构成选择权转移的条件

这三个条件中，尤其要注意享有选择权的当事人在约定的期限内或履行期限届满未作选择，属于怠于行使选择权，但此时并不直接发生选择权的转移，而是设定了一个催告期予以缓冲，要让不及时行使选择权的当事人予以充分注意。只有当享有选择权的当事人在催告后的合理期限内仍未选择的，选择权才转移至对方，法律这么规定的原因在于选择权的转移对当事人影响重大。

（三）法律的具体适用

回到案例8。通过案例解读法律的具体适用。

甲（广告公司）与乙（家居公司）有常年的广告发布业务。广告费的结算，双方约定不以现金，而是以乙经营品牌的产品折抵（包括卫浴、空调、热水器等等）。2020年12月25日，双方经过对账，确认甲已按约完成了广告业务的发布，该等业务合计总置换物品金额65万元，甲已领取物品15万元，尚有50万元物品未取。未取物品，可从乙旗下所有经营品牌中自由选定，包括但不限于卫浴、空调、热水器等。可见，这是一个选择之债。

既然是选择之债，接下来确定享有选择权的当事人以及选择权的行使期限。乙法定代表人向甲出具的《取货凭证》载明"甲应于2021年3月30日前选定具体物品"。从该凭证可以得知，享有选择权的当事人是甲，选择权的行使期限为2021年3月30日之前。

甲未在约定的期限内行使选择权。2021年4月1日，乙以送达《催告书》的形式向甲进行了催告，载明："贵司未在约定的期限内行使选择权，现向贵司进行催告。请贵司在4月15日前选定物品，如在该宽限期内仍未选定，则选择权转移至乙。"这个宽限期还是合理的，毕竟选择家居产品，不论是现场还是网上都很方便，况且双方也合作多年，选家居产品的模式早已驾轻就熟。如果甲在宽限期内仍未行使选择权，则根据《民法典》第五百一十五条第二款的规定，选择权转移至乙。

> 明白了选择之债，继续拾级而上，进一步探究清偿规则简明的按份之债。

九、按份之债，仅清偿份额内债务？

【案例9】

甲、乙原系夫妻，婚后共同做蔬菜零售生意而长期向经营蔬菜批发的丙赊购蔬菜等货物。截至2020年11月30日，甲、乙共欠丙货款10万元。2021年3月5日，甲、乙办理离婚登记。2021年4月5日，甲、乙、丙就上述债务重新达成《债务清偿协议》，载明："甲、乙共欠丙10万元（赊购蔬菜款），现三方共同约定，甲、乙于2021年12月31日前各自向丙清偿5万元。"转眼到了还款期，甲仅归还了2万元。对剩余的8万元，丙要求乙一并清偿。乙认为，其只需清偿5万元即可。试问，对超出自己份额的债务，乙有权拒绝清偿吗？

【新规】

第五百一十七条　债权人为二人以上，标的可分，按照份额各自享有债权的，为按份债权；债务人为二人以上，标的可分，按照份额各自负担债务的，为按份债务。

按份债权人或者按份债务人的份额难以确定的，视为份额相同。

【以案释法】

本则案例涉及的焦点问题是按份之债的清偿规则。

（一）认识按份之债

按份之债，是相对于接下来我们要说的连带之债而言的。不论是按份之债还是连带之债，主体都具有复数性质。换句话说，对于同一债务，债务人都为二人以上。按份之债在日常生活中很常见，比如周末，同事或朋友包个场地一起去打球。打完球，组织者就发起一个微信群收款，群收款会写有此次活动总费用，以及每个人须支付的款项。其中每个人须支付的款项，就是按份之债，每个人把自己的那份清偿了就可以了。再比如，一对难兄难弟都缺钱，一起到朋友那里借钱，说好各还各的债务，一个借5千元，一个借1万元，届时只需把自己的份额归还就可以了。从这两个例子也可以看出，按份之债的标的都是可分的，比如5千元和1万元。

（二）按份之债清偿规则

接下来讨论的问题是，按份之债的按份，仅仅适用于债务人内部的按份，还是内外都适用？《民法典》第五百一十七条第一款规定，"债务人为二人以上，标的可分，按照份额各自负担债务的，为按份债务"。这个条款规定的就是按份之债的清偿规则，关键词是"按照份额各自负担债务"，根据该规定，按份之债，债务人只需就自己应当承担的份额向债权人履行债务，对超过自己份额的债务有权拒绝。

问一个问题，如果债务人约定了各自偿还自己份额内的债务（按份之债），但未明确每个债务人应承担的具体份额，这个时候，份额如何确定比较公平？有朋友说按同等份额处理，这是一个很不错的方法！没有约定的情况下，平均分担。事实上，法律也是这么规定的，《民法典》第五百一十七条第二款规定，"按份债权人或者按份债务人的份额难以确定的，视为份额相同"。根据该规定，按份债务人的份额，法律有规定或当事人有约定，依法律规定或当事人约定的份额清偿；法律没有规定，当事人没有约定或约定不明确，难以确定债务人各自份额的，视为份额相同，每个债务人平均分担债务。

（三）法律的具体适用

回到案例9。通过案例解读法律的具体适用。

甲、乙婚姻存续期，共同经营蔬菜零售业务，因向经营蔬菜批发的丙赊购蔬菜而对丙负有 10 万元债务，该债务属于夫妻共同债务。

2021 年 3 月 5 日，甲、乙办理离婚登记。2021 年 4 月 5 日，甲、乙、丙就上述债务重新达成《债务清偿协议》，载明："现三方共同约定，甲、乙于 2021 年 12 月 31 日前各自向丙清偿 5 万元。"根据三方协议，甲、乙欠丙的 10 万元债务，由原来的夫妻共同债务（连带之债），变为现在的甲、乙各自偿还 5 万元的按份之债（需注意的是，如果甲、乙离婚之后仅内部约定对该笔债务各自偿还 5 万元，这个约定对丙是不具有法律效力的）。根据《民法典》第五百一十七条第一款规定，按份之债的债务人只需清偿自己承担的份额，因而，乙只需清偿自己的 5 万元债务，对超出其部分的债务有权拒绝。

> 按份之债的简明是有其道理的；连带之债，内涵丰富因而具有岁月磨砺出的内敛与严谨。

十、共同借款，能否仅起诉一个债务人？

【案例10】

2019年5月，甲、乙、丙三人作为共同借款人，与丁（出借人）签订《借款合同》，约定向丁借款15万元，且共同对借款承担全部还款责任。借款到期后，三人未归还借款本息。债权人丁向法院提起诉讼，要求甲清偿全部15万元的借款本息。甲认为借款的并非其一人，丁无权要求其承担全部债务。试问，共同借款，能否仅要求一个债务人归还全部债务？

【新规】

第五百一十八条　债权人为二人以上，部分或者全部债权人均可以请求债务人履行债务的，为连带债权；债务人为二人以上，债权人可以请求部分或者全部债务人履行全部债务的，为连带债务。

连带债权或者连带债务，由法律规定或者当事人约定。

【以案释法】

本则案例涉及的焦点问题是连带之债的清偿规则。

（一）认识连带债务

上一个规则我们讲了按份债务，现在我们通过与按份债务清偿规则的对比，认识连带债务。

按份之债是"各人只扫门前雪"的典范。按份之债的债权人只能要求每个债务人偿还其份额内的债务。如债务人的份额是30万元就偿还30万元，50万元就偿还50万元。每个债务人对超出其份额部分的清偿要求，都可以拒绝（如图3所示）。

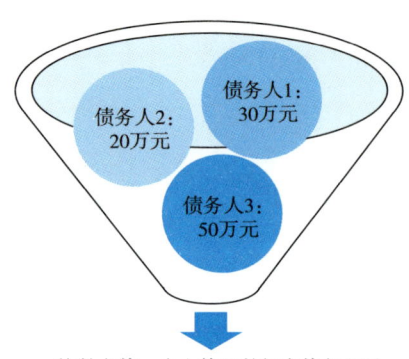

按份之债：个人偿还份额内债务即可

图3 按份之债的清偿

连带之债的债权人，显然比按份之债的债权人权利大多了。《民法典》第五百一十八条第一款的后半句规定，"债务人为二人以上，债权人可以请求部分或者全部债务人履行全部债务的，为连带债务"。

根据该规定，连带之债的债权人，对于要求哪个债务人清偿债务，有充分的自由选择权，其既可以要求全部债务人履行全部债务，也可以要求部分债务人履行全部债务。连带债务未全部履行之前，全体债务人仍负连带责任，而不论债务人内部份额的划分。假设一笔100万元的债务，三个债务人，对外承担连带责任，在内部的份额分别是债务人1为30万元，债务人2为20万元，债务人3为50万元。债权人既可以要求三个债务人共同偿还100万元，也可以要求部分甚至其中一个债务人偿还100万元债务（见图4）。

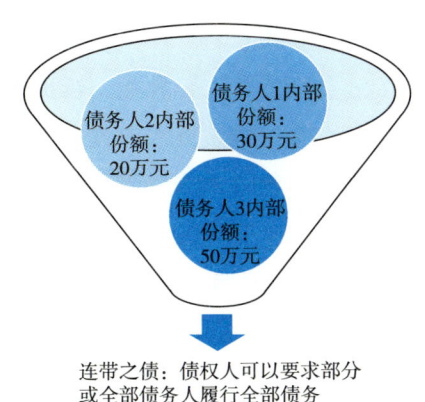

图4 连带之债的清偿

（二）连带债务的成立

连带债务的成立对债权人非常有利，但对于债务人的影响实在太重大了，债权人不用管债务人内部的债务份额，只需找实力雄厚的债务人，让其清偿全部债务就可以了。既然连带债务会让债务人背负如此沉重的经济负担，那就必须知道在什么情况下，债务人所负的债务属于连带债务。

正因为连带债务对债务人的影响非常重大，法律对于连带债务的成立，进行了严格的限制，绝不会让你稀里糊涂就成了连带债务的债务人。《民法典》第五百一十八条第二款规定，"连带债权或者连带债务，由法律规定或者当事人约定"。根据该规定，连带债务必须由法律规定，或当事人明确约定。既没有法律规定，也没有当事人约定的，不能成立连带债务。法律规定的连带债务有：①代理人和相对人恶意串通，损害被代理人合法权益的，代理人和相对人应当承担连带责任（第一百六十四条第二款）；②代理人知道或者应当知道代理事项违法仍然实施代理行为，或者被代理人知道或者应当知道代理人的代理行为违法未作反对表示的，被代理人和代理人应当承担连带责任（第一百六十七条）；③共同承揽人对定作人承担连带责任，但是当事人另有约定的除外（第七百八十六条）；④两个以上承运人以同一运输方式联运的，与托运人订立合同的承运人应当对全程运输承担责任；损失发生在某一运输区段的，与托运人订立合同的承运人和该区段的承运人承担连带责任

（第八百三十四条）；⑤两个以上的受托人共同处理委托事务的，对委托人承担连带责任（第九百三十二条）；⑥教唆、帮助他人实施侵权行为的，应当与行为人承担连带责任（第一千一百六十九条第一款）；⑦网络服务提供者知道或者应当知道网络用户利用其网络服务侵害他人民事权益，未采取必要措施的，与该网络用户承担连带责任（第一千一百九十七条）；⑧以挂靠形式从事道路运输经营活动的机动车，发生交通事故造成损害，属于该机动车一方责任的，由挂靠人和被挂靠人承担连带责任（第一千二百一十一条）；等等。除了法律规定，也可基于当事人的约定成立连带债务，这个很好理解，属于遵循当事人意思自治原则。需注意的一点是，对于当事人约定成立连带债务，这个"约定"，笔者的理解是应该有明确的约定。如果约定不明，仍应认定为按份债务。

（三）法律的具体适用

回到案例10。通过案例解读法律的具体适用。

首先，认定共同借钱属于按份之债还是连带之债。

《民法典》第五百一十八条第二款规定，"连带债权或者连带债务，由法律规定或者当事人约定"。甲、乙、丙三人向丁借钱，借款合同对于还款形式明确约定，由三人共同对借款承担全部还款责任。甲乙丙三人向丁借款15万元的行为成立连带债务。

其次，既然是连带债务，根据连带债务的清偿规则，即"债务人为二人以上，债权人可以请求部分或者全部债务人履行全部债务"，连带之债的债权人，对于要求哪个债务人清偿债务，有充分的自由选择权。债权人丁既可以要求甲、乙、丙三个共同清偿，也可以只要求其中的部分，甚至一个债务人承担全部债务。而任何债务人都不得拒绝还款，这正是连带债务的连带之义。丁现在仅要求其中一个债务人甲，清偿全部借款本息，完全符合法律的规定。甲应清偿丁的15万元借款本息。

> 清偿了全部债务的连带债务人，对于超出其应当承担部分的份额，按相关规则行使追偿权。

十一、连带债务人清偿了债务，如何行使追偿权？

【案例11】

2019年5月，甲、乙、丙三人作为共同借款人与丁签订《借款合同》，约定三人向丁借款15万元，该笔借款对内未约定债务份额，对外承担连带清偿责任。借款到期后，三人未能归还借款本息。丁向法院提起诉讼，要求甲、乙、丙三人清偿全部15万元的借款本息（诉讼过程中，丁放弃利息）。法院判如所请。判决生效后，甲为了避免信用受到影响，清偿了全部15万元债务，同时向法院提起追偿权之诉，要求乙、丙二人连带向其清偿10万元。乙未应诉，丙仅同意清偿5万元。试问，行使追偿权，如何确定其他债务人应承担的份额？

【新规】

第五百一十九条　连带债务人之间的份额难以确定的，视为份额相同。

实际承担债务超过自己份额的连带债务人，有权就超出部分在其他连带债务人未履行的份额范围内向其追偿，并相应地享有债权人的权利，但是不得损害债权人的利益。其他连带债务人对债权人的抗辩，可以向该债务人主张。

被追偿的连带债务人不能履行其应分担份额的，其他连带债务人应当在相应范围内按比例分担。

【以案释法】

本则案例涉及的焦点问题是连带之债的债务人清偿全部债务后行使追偿权的条件。

（一）追偿权之惑

案例 11 就是在案例 10 的基础上修改的。为什么不重新换个新案例呢，主要是类似的案例后续要行使追偿权的可能性很大，熟悉的案例也能使我们更快地理解新的情境。上期说到连带之债的对外效力，连带之债的债权人可以要求全部或部分债务人清偿全部债务。连带债务人清偿了全部债务后，债权相应消灭，连带债务人与债权人之间的外部关系就转化为该连带债务人与其他连带债务人之间的内部关系。

内部关系的核心问题就是如何行使追偿权。实务中，连带债务人清偿债务有各种各样的情况：有的是某个连带债务人独自清偿了全部的债务；有的是部分债务人清偿了全部债务；有的是债务人清偿的份额超过了自己应当承担的份额，有的是债务人清偿的份额尚未超过自己应当承担的份额等。该等情形下，债务人内部之间如何行使追偿权？究竟是实际承担的债务须超过自己的债务份额，才能向其他连带债务人行使追偿权，还是只要债务人以自己的财产使各连带债务人共同免责，不管数额多少，均可以向其他连带债务人追偿？另外，行使追偿权，对其他债务人是否只能追偿其应当承担份额部分？

（二）追偿权行使规则

《民法典》第五百一十九条规定："连带债务人之间的份额难以确定的，视为份额相同（第一款）。实际承担债务超过自己份额的连带债务人，有权就超出部分在其他连带债务人未履行的份额范围内向其追偿，并相应地享有债权人的权利，但是不得损害债权人的利益。其他连带债务人对债权人的抗辩，可以向该债务人主张（第二款）。被追偿的连带债务人不能履行其应分担份额的，其他连带债务人应当在相应范围内按比例分担（第三款）。"此条款内容很多，这里我们只要掌握最基本的追偿权行使规则就可以。学习法律或者其他技能，不必贪多。先把基础学好，基础扎实了，以后真的有兴趣或者碰到更复杂的问题，完全可以触类旁通，且基本的体系架构已经有了，以后学习起来也不会太难。这也就是平常所说的，学问积年而成，而每日不自知。

接下来，我们具体分析最基本的追偿权行使规则。

第一步，先计算各个连带债务人承担的具体债务份额。这一步非常重要，后面的所有步骤都是以这个为基础的。如何确定，掌握两点：一是法律有规定，按规定；当事人有约定，按约定。二是既无规定，又无约定，视为份额相同（与按份债务人的份额难以确定，视为份额相同是一样的）。

第二步，连带债务人行使追偿权的条件是：其实际承担债务须超过应承担份额，且仅对超过应承担份额部分行使追偿权。

第三步，被追偿的其他债务人仅承担其应承担份额范围内未履行部分。

第四步，特殊情况下，被追偿的连带债务人不能履行其应分担份额的，该份额由其他连带债务人（包括行使追偿权的连带债务人）按比例分担。法律上将其称为连带债务人之间的债务份额二次分担规则。

（三）法律的具体适用

回到案例 11。

我们采用快问快答解读法律的具体适用。

第一个问题：连带债务共计 15 万元，三个债务人未约定债务份额，每个债务人应承担的份额是多少？

答：份额未约定，平均分担债务，每人 5 万元。

第二个问题：甲一共承担了 15 万元债务，对其中多少债务可以行使追偿权？

答：每个人承担的债务份额是 5 万元，甲可以对超出其承担份额的 10 万元债务行使追偿权。

第三个问题：乙、丙各自承担多少份额的债务？

答：乙、丙应承担的份额都是 5 万元，且二人从未清偿过债务，因而，现仍应各自承担 5 万元的债务。

第四个问题:假设乙破产,甲只向乙追偿到2万元,另3万元无法履行的债务,如何处理?

答:对乙不能履行的3万元债务,在连带债务人甲、丙之间作二次分担,每个人承担1.5万元,甲还可向丙追偿1.5万元。

大家现在对追偿权的基本行使规则,是否了然于心了呢?

> 真正的利益第三人合同与不真正的利益第三人合同的实质区别在于,第三人是否享有对债务人的履行请求权。

十二、真正利益第三人,是否对债务人享有履行请求权?

【案例12】

甲和乙是好朋友。甲发现有款味道不错的牛奶,顺手为爱喝牛奶的乙也订了几箱,并支付了价款。甲与丙(卖家)另外特别约定,这几箱牛奶,是专门为乙订购的,要求丙发送到乙的住所地;乙对丙享有直接的履行请求权,牛奶一旦有质量问题,或是没有按时发货,乙无须再通过甲,而是可以直接要求丙履行债务,且丙不得拒绝。同时,甲把相关情况告之乙。乙对其享有直接履行请求权,开心不已,又有些疑惑,毕竟,自己并非合同的相对人。试问,乙对于丙享有履行请求权吗?

【新规】

第五百二十二条第二款 法律规定或者当事人约定第三人可以直接请求债务人向其履行债务,第三人未在合理期限内明确拒绝,债务人未向第三人履行债务或者履行债务不符合约定的,第三人可以请求债务人承担违约责任;债务人对债权人的抗辩,可以向第三人主张。

【以案释法】

本则案例涉及的焦点问题是真正利益第三人合同的第三人对于债务人是否享有履行请求权。

（一）认识利益第三人合同

什么叫利益第三人合同？简单说，该合同是为第三人利益而设置的。利益第三人合同分为真正利益第三人合同和不真正利益第三人合同。二者最根本的区别就在于第三人对于债务人是否享有履行请求权。第三人取得对债务人的履行请求权的是真正利益第三人合同；第三人仅可以接受债务人的履行但不享有对债务人的履行请求权的，是不真正利益第三人合同。别着急，举个例子，你就全明白了。

一位先生外地出差期间，恰逢其妻子生日，这位浪漫的先生就为妻子订了一个有特色的生日蛋糕，详细地告诉店家蛋糕的裱花要如何制作，并叮嘱店家一定要按他的要求进行裱花。结果店家蛋糕的裱花与这位先生的要求大相径庭，妻子看到蛋糕非常失望。这位先生为妻子订购蛋糕并要求店家直接向其妻交付就是典型的利益第三人合同。现在花开两朵，各表一枝。

如果是不真正利益第三人合同，这位妻子就只能"一声叹息"，因为她不享有对债务人的履行请求权，其能做的只是接受店家为她制作的蛋糕，却无权对店家提任何要求。

如果是真正利益第三人合同，那就厉害了，这位妻子可以理直气壮地让蛋糕店按其丈夫的要求对蛋糕重新裱花，因为其享有对债务人的履行请求权。

（二）第三人取得请求履行权的条件及法律效果

真正利益第三人合同中的第三人，明明不是合同相对人，却享有对债务人的合同履行请求权，从某种程度来说，就相当于具有了当事人的身份，这完全突破了合同的相对性。因而，对于成立真正利益第三人合同，法律有严格的规定。《民法典》第五百二十二条第二款第一分句前半段规定，"法律规定或者当事人约定第三人可以直接请求债务人向其履行债务，第三人未在合理期限内明确拒绝，……"这个规定的内容就是第三人取得履行请求权须符合的条件：

首先，第三人取得履行请求权，必须要有法律规定或当事人约定。

怎么约定？真正利益第三人合同的结构是"基本合同"+"第三人约款"。"第三人约款"中债权人与债务人要特别约定，债务由债务人向第三人履行且第三人可以直接请求债务人向其履行。如果合同仅约定债务由债务人向第三人履行，但没有赋予第三人履行请求权的，就不是真正利益第三人合同，而是不真正利益第三人合同。

其次，第三人未在合理期限内，明确拒绝为其设置的权利。根据民法的自愿原则，即使是为他人设置的利益，他人也完全可以拒绝。因此，真正利益第三人合同中为第三人设置的利益，第三人既可以接受，也可以拒绝。第三人未在合理期限内明确拒绝为其设置的权利，则第三人取得直接请求债务人向其履行债务的权利。

接下来问各位一个问题，第三人享有履行请求权，但债务人未向第三人履行债务或履行债务不符合约定，此时，第三人有什么办法可以制约债务人吗？有朋友说"承担违约责任"，说得很对！既然真正利益第三人合同赋予第三人履行请求权，而合同履行请求权是合同中债权人享有的权利，因而，从某种程度来说，第三人在合同中的地位就相当于债权人。债务人违约，第三人当然可以请求其承担违约责任。事实上，法律对此也作了同样的规定，《民法典》第五百二十二条第二款后半句规定，"债务人未向第三人履行债务或者履行债务不符合约定的，第三人可以请求债务人承担违约责任；债务人对债权人的抗辩，可以向第三人主张"。

（三）法律的具体适用

回到案例12。通过案例解读法律的具体适用。

先要根据法律判断乙是否是真正利益第三人合同中的第三人。

甲向丙订购牛奶，明确告知丙，牛奶是为第三人乙订购的，这是为第三人利益而设置的合同；甲与丙明确约定，丙直接向乙履行债务，且乙对丙享有直接的履行请求权（牛奶有质量问题，或是没有按时发货，乙可以直接要求丙履行债务，且丙不得拒绝），乙对甲为其设置的利益（赋予履行请求权）愉快地接受了，因而该合同是真正利益第三人合同。

丙如果未交付牛奶或交付的牛奶不符合约定，乙完全不用担心，乙可直接请求丙承担违约责任，违约责任的形式包括继续履行、赔偿损失等。

> 天上掉的不一定都是馅饼，还可能掉下一笔第三人愿意代为履行的债务。

十三、第三人代为履行债务，债务人可以拒绝吗？

【案例 13】

甲（债务人，D 公司股东）对乙（债权人）负有 100 万元的债务，甲正在积极筹措资金归还欠款。有一天，丙（第三人）左手提着一个水果花篮，右手推着一拉杆箱，神神秘秘地找到乙，声称自己是甲的朋友，要替甲归还全部债务。乙说："今天可不行，我得先问问甲，甲同意了，我再通知你，到时你再来。"丙连忙说："不行，这个事你得替我保密，如果告诉甲，甲肯定不会同意我替他还。"乙顿时警觉："你替甲还债，是不是有什么目的？"丙满脸堆笑，说："真没有目的，都是朋友，就是单纯替甲还个债而已。"乙笑着说："那么你是做好事了？你先回去吧，你送的水果花篮也一并拿回去！"甲很快也知道了这件事，正如乙所言，甲坚决拒绝丙代他履行债务。试问，对丙的要求代替甲清偿 100 万元债务，甲有权拒绝吗？

【新规】

第五百二十四条　债务人不履行债务，第三人对履行该债务具有合法利益的，第三人有权向债权人代为履行；但是，根据债务性质、按照当事人约定或者依照法律规定只能由债务人履行的除外。

债权人接受第三人履行后，其对债务人的债权转让给第三人，但是债务人和第三人另有约定的除外。

【以案释法】

本则案例涉及的焦点问题是债务人能否拒绝第三人的代履行。

（一）认识第三人代履行

第三人代履行与真正利益第三人合同，有一个共同点，那就是都突破了合同相对性。只不过真正利益第三人合同是赋予第三人对债务人的直接履行请求权，对该权利，第三人既可以接受，也可以拒绝。第三人代履行，是第三人自愿代债务人履行债务，对该代履行行为，债务人是否有权拒绝呢？

笔者曾以"假设你有一笔外债且一时半会儿无法还清，突然有人说愿意代你还这笔债，你是否会同意"进行过小范围调查，归纳总结后，主要有三种意见：第一种意见是不同意，因为不知道第三人有何目的和动机，心里不踏实；第二种意见，要看这笔债是否足够严重，如果这笔债不归还会危及生命，那就同意让第三人代偿；第三种意见，取决于第三人与自己的关系远近程度，如果第三人与自己关系非常近，可能会同意让其代履行，关系一般，应该不会同意。社会生活中，第三人代履行的情况也很多，那么，我国《民法典》关于代履行又是怎么规定的呢？

（二）第三人代履行应具有合法利益

《民法典》第五百二十四条第一款规定，"债务人不履行债务，第三人对履行该债务具有合法利益的，第三人有权向债权人代为履行；但是，根据债务性质、按照当事人约定或者依照法律规定只能由债务人履行的除外"。该条款内容就是代履行的有关规定，且是具有合法利益的第三人代履行，根据该规定，第三人代履行须符合以下条件（如图5所示）：

据此，法律上所指的第三人代履行，是指第三人对履行该债务具有合法利益。只要债务人对履行该债务具有合法利益，且不存在根据债务性质、当事人约定或者依照法律规定将第三人代履行排除在外的情形，第三人就可以直接代履行，其既无须征求债务人本人的意见，债权人也不得拒绝。这是法律为了保护就债务履行具有合法利益的第三人而做出的刚性规定。但对何

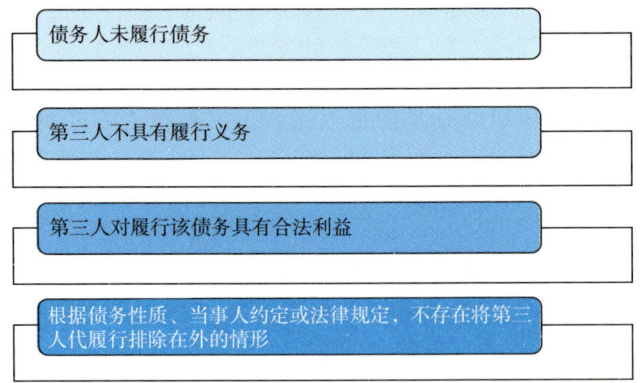

图 5　具有合法利益的第三人代履行的条件

谓"对债务履行具有合法利益的第三人"这么重要的认定条件,法律却并没有做出具体的规定。笔者以为,未做规定的主要原因在于《民法典》刚刚实施,对何谓"对债务履行具有合法利益的第三人"尚需要根据实践情况的需要和发展进行判断并归纳总结。另外,根据此法条第二款的规定,即"债权人接受第三人履行后,其对债务人的债权转让给第三人",第三人代履行的法律效果就是法定的债权转移,即债权人接受第三人的履行后,债权人对债务人的债权,就法定转移给了第三人。因而,具体认定"对债务履行具有合法利益的第三人"时,也要注意考量各方的利益平衡问题。

(三)法律的具体适用

回到案例 13。通过案例解读法律的具体适用。

甲欠乙 100 万元债务,丙自愿代甲清偿该 100 万元债务,甲不同意丙代其清偿。丙的代履行是否须征得甲的同意,取决于丙对该代履行是否具有合法利益。乙曾询问丙代甲清偿 100 万元债务的原因,丙称代甲还债并没有目的,只因大家都是朋友,就是单纯替甲还个债而已,且就其拟替甲还债行为,要求乙对甲保密。从丙的陈述来看,丙代甲清偿 100 万元债务对丙而言并不存在合法利益。既然丙代甲清偿 100 万元不具有合法利益,则丙不符合第三人代履行应具有合法利益的条件,甲当然可以拒绝丙的代履行。

> 债的履行与责任财产密切相关。若债务人的不当行为减损了责任财产，毫无疑问，一场关于财产保全的战争会一触即发。

十四、债权人代位取得的财产能否直接受偿？

【案例14】

甲对乙有150万元债权，乙对丙又有100万元债权。现债权到期，乙未要求丙归还其所欠的100万元，影响甲的到期债权实现。甲无奈，就以自己的名义跑到法院起诉，要求代位行使乙对丙的债权。试问，甲代位取得的财产能否直接受偿？

【新规】

第五百三十七条　人民法院认定代位权成立的，由债务人的相对人向债权人履行义务，债权人接受履行后，债权人与债务人、债务人与相对人之间相应的权利义务终止。债务人对相对人的债权或者与该债权有关的从权利被采取保全、执行措施，或者债务人破产的，依照相关法律的规定处理。

【以案释法】

本则案例涉及的焦点问题是代位权行使的法律效果。

（一）关于责任财产

本书的书名是"合同的新常识"，写合同的新常识的同时，笔者总是有意无意会回忆合同的旧常识。考虑到代位权对于债务清偿的重要性，以及有些人对这部分内容比较生疏，现在我们一起重温两个知识点。

先说第一个，什么是责任财产？责任财产，通俗讲就是"家底"。比如，有人说"张三家底厚，有多少套房，多少产业"，张三的"家底"，就是张三的责任财产。债务人对外欠债，就是靠责任财产来归还，所以债权人会非常关注债务人的责任财产。因为一旦债务人的不当行为（不论是积极还是消极）减损了责任财产，债务可能就还不了，债还不了这哪行啊，于是一场关于债务人的责任财产保卫战就此拉开帷幕。

债权人保卫债务人责任财产的方法有两个：一个是行使撤销权。撤销的是债务人的不当行为，比如债务人明明外债一大堆，却还放弃债权，放弃债权担保，无偿转让财产，致使影响债权人的债权实现。另一个是行使代位权。债务人明明对外有债权，却不去催讨（怠于行使权利），影响了债权人的债权实现，既然债务人不去催讨，那债权人就代位行使债务人对相对人的权利。债权人通过行使这两种方法，恢复债务人的责任财产，进而使得债权人的债权能得以实现，法律上称为债权的保全（不论是代位权还是撤销权，都要通过法院行使）。问各位一个问题，为什么《民法典》合同编第五章写的是合同的保全而不是债权的保全呢？"因为合同编通则发挥着债法总则的功能"，回答得很好！大家都学得非常透彻了。

我们今天要分析的就是代位权。下面再一起回忆第二个知识点，债权人代位权的行使条件。

（二）代位权行使条件

一图在手，万事不愁。我们继续举例（见图6）。大家边看图，边跟着我的思路走。

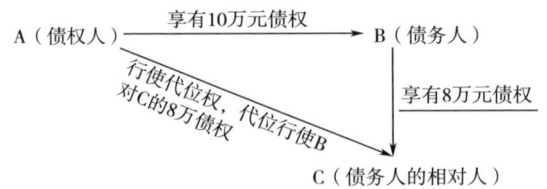

图6 代位权的行使条件

A对B享有10万元债权（注意，这里的债权都是指到期债权），B对C

有 8 万元债权，B 家徒四壁，所有的家当加起来，就只有对 C 的这 8 万元债权。幸好 C 生意做得顺风顺水，归还 8 万元应该不成问题。债权到期，B 无论如何就是不向 C 催讨这 8 万元欠款，B 怠于行使自己的权利，已经影响到债权人 A 到期债权的实现。A 也不是好惹的，立即就向法院主张代位权。如何主张呢？A 以自己的名义代位行使 B 对 C 的 8 万元债权，法院一审，认定代位权成立，判决 C 把 8 万元欠款还给 A。这就是代位权的行使条件。

（三）代位权行使的法律效果

C 把 8 万元还给了 A。问题出来了。A 究竟是将其代位取得的 8 万元财产先入库到 B 的责任财产（实务中称为"入库"规则），A 再与其他债权人一起从债务人处平等清偿，还是可以直接受偿？如果 A 直接受偿，则是行使代位权的债权人先于其他债权人清偿，有违债的平等性原则；如果是采取"入库"规则，债权人行使代位权的积极性肯定大受打击，甚至没有债权人愿意来行使这个代位权，毕竟"天下熙熙，皆为利来；天下攘攘，皆为利往"，债权人行使代位权，肯定不只是为了当过手财神。为使代位权制度既能发挥防止债务人责任财产减少的保全功能，又能在一定程度上达到促成债权人权利实现的效果，立法机关反复权衡，最终采纳了"直接受偿规则"。《民法典》第五百三十七条第一句规定，"人民法院认定代位权成立的，由债务人的相对人向债权人履行义务，债权人接受履行后，债权人与债务人、债务人与相对人之间相应的权利义务终止"。怎么理解这句话呢，我们继续看图 6，法院判决 C 把 8 万元还给 A，A 收到这 8 万元之后，"债权人与债务人、债务人与相对人之间相应的权利义务终止"，即 A 对 B 享有的债权由原来的 10 万元变更为 2 万元，同时，B 和 C 之间债权债务结清。这就是代位权行使的法律效果。

（四）法律的具体适用

回到案例 14，通过案例解读法律的具体适用。

继续看下图（如图 7 所示），大家可以边看图边解答，相信可以轻松解答。

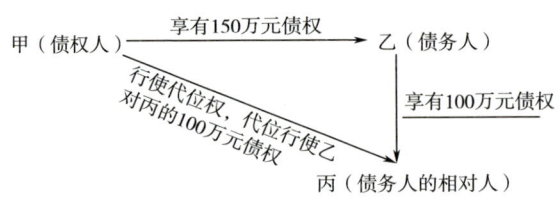

图 7　案例 14 的代位权分析

甲对乙有 150 万元债权，乙对丙有 100 万元债权，现债权都已到期。乙怠于行使其对丙的债权，影响甲的到期债权实现。甲向法院提起代位权之诉，以自己的名义代位行使乙对丙的 100 万元债权。法院认定代位权成立，甲收到丙向其清偿的 100 万元之后，则甲对乙的债权由 150 万元变更为 50 万元，而乙和丙之间的债权债务终止。对乙欠甲的 50 万元债务，在代位权诉讼后，甲仍可向乙另行提起诉讼，要求乙清偿剩余的 50 万元债务。

> 上帝为你关上了一扇门,就会为你打开一扇窗。对于债务人责任财产的法律规定,同样如此。

十五、行使代位权,是否及于债务人的担保物权?

【案例15】

甲(债权人)对乙(债务人)享有150万元债权,乙对丙又享有100万元债权,同时,丁为乙的该笔债权提供房屋抵押担保。现债务均已到期,丙已无资产,乙怠于行使其对丁的抵押权,已影响甲的债权实现。无奈之下,甲代位行使乙对丁的担保物权。丁认为,甲行使代位权,仅限于乙对丙的100万元债权,甲无权就乙对丁的担保物权行使代位权。试问,代位权的范围是否及于债务人的担保物权?

【新规】

第五百三十五条第一款 因债务人怠于行使其债权或者与该债权有关的从权利,影响债权人的到期债权实现的,债权人可以向人民法院请求以自己的名义代位行使债务人对相对人的权利,但是该权利专属于债务人自身的除外。

【以案释法】

本则案例涉及的焦点是代位权行使是否及于债务人从权利。

(一)认识债权的从权利

从权利,是指附随于主权利的权利。与债权有关的从权利,主要是指担保权利,包括担保物权和保证。比如,张三欠李四10万元,王五以其名下的一套房屋为该笔债务提供担保,赵六为该笔债务提供保证。王五提供的抵押担保与赵六提供的保证,都是该10万元债权的从权利。

(二)代位权范围及于从权利

债务人怠于行使债权,影响债权人的到期债权实现,债权人可以自己的名义代位行使债务人对相对人的权利。如果债务人的相对人名下也没有任何财产,但是第三人为债务人对相对人的债权提供了抵押担保,债权人能否对该抵押担保行使代位权?换句话说,债权人代位行使债务人的债权,该债权是否及于债务人的从权利?问题听着有点绕,继续看图举例(见图8)。大家边看图边跟着我的思路走。

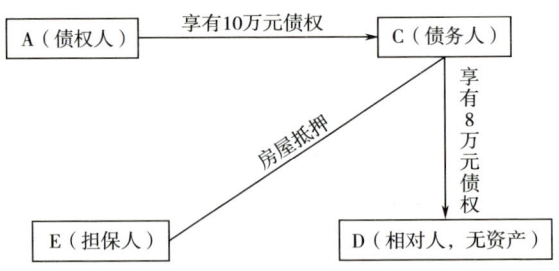

图8 代位权行使范围及于从权利分析

假设A对C享有10万元债权,C对D享有8万元债权,E为C对D的8万元债权设定了抵押,即债务人C对担保人E享有抵押权。债务人的相对人D无任何资产且已不具有债务清偿能力,C怠于行使其对抵押人E的抵押权,影响债权人A的到期债权实现。这个时候,债权人A是否可以代位行使债务人C对担保人E的抵押权呢?

《民法典》第五百三十五条第一款规定,"因债务人怠于行使其债权或者与该债权有关的从权利,影响债权人的到期债权实现的,债权人可以向人民法院请求以自己的名义代位行使债务人对相对人的权利,但是该权利专属于债务人自身的除外"。根据此规定,债权人行使代位权及于债务人的从权利。法律这么规定,一方面在于扩大债务人责任财产的范围,更有利于对债权的保全；另一方面，对于担保人来说，担保本身就为是债务人对相对人的债权提供担保，只不过现在债务人怠于行使从权利，债权人代位行使债务人的从权利，并未超出担保人的预期，未损及担保人的利益。当然，如果从权利专属于债务人自身，则债权人不得代位行使。

（三）法律的具体适用

回到案例 15。通过案例解读法律的具体适用（见图 9）。

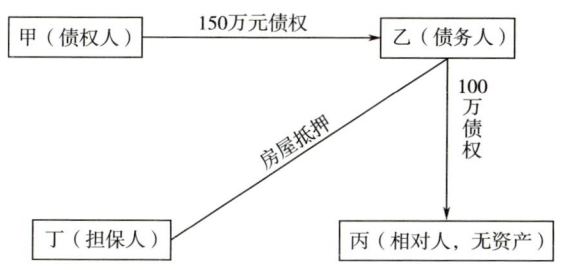

图 9 对案例 15 的分析

甲对乙享有 150 万元债权，乙对丙享有 100 万元债权，丁为乙对丙的 100 万元债权提供抵押担保，即乙对丁享有抵押权。现丙无资产，乙又怠于行使其对丁的抵押权，影响甲的到期债权实现。甲可向人民法院请求以自己的名义代位行使乙对丁的抵押权（该抵押权专属于债务人自身的除外）。

> 特殊情形下，允许代位权提前行使，体现了立法的人性化考量和法律应有的温度。

十六、债务人的相对人破产，债权人能否提前行使代位权？

【案例16】

甲（债权人）借给乙（债务人）150万元，债权尚未到期。乙（债务人）对丙（债务人的相对人）又有100万元债权，债权已经到期，不巧丙破产了。乙无其他财产，又怠于向丙的破产管理人申报破产债权，影响债权人甲的债权实现，甲代位行使乙对丙的权利，向丙的破产管理人申报100万元破产债权，同时非常担心该债权未到期，管理人不予认可。试问，甲对乙的债权尚未到期，甲可以提前行使代位权申报破产债权吗？

【新规】

第五百三十六条 债权人的债权到期前，债务人的债权或者与该债权有关的从权利存在诉讼时效期间即将届满或者未及时申报破产债权等情形，影响债权人的债权实现的，债权人可以代位向债务人的相对人请求其向债务人履行、向破产管理人申报或者作出其他必要的行为。

【以案释法】

本则案例涉及的焦点问题是债权人在债务人的相对人破产情形下，能否提前行使代位权。

(一)认识破产债权

今天的问题涉及破产债权。我们就暂时跨界一下,跨到破产领域。现在补充一下与破产债权相关的知识点。①法院受理破产申请会同时指定管理人。②管理人指定以后,就由管理人接管破产企业,破产企业的债权人统一向管理人申报破产债权,破产债权的申报期限自人民法院发布受理破产申请公告之日起计算,最短不得少于30日,最长不得超过3个月。③债权人应当在人民法院确定的债权申报期限内向管理人申报债权。管理人收到债权申报材料后,应当登记造册,对申报的债权进行审查,并编制债权表。④债权表经提交债权人会议核查,债权人、债务人对债权表记载的债权无异议的,由人民法院裁定确认,并根据法律的相关规定进行清偿。⑤在人民法院确定的债权申报期限内,债权人未申报债权的,可以在破产财产最后分配前补充申报;但是,此前已进行的分配,不再对其补充分配。为审查和确认补充申报债权的费用,由补充申报人承担。

(二)债务人的相对人破产情形下代位权提前行使

债权人能够行使代位权的债权,根据法律规定,应是到期债权。如果债务人的相对人破产,债务人怠于向管理人申报破产债权,影响债权人的债权实现,此时,债权人对债务人债权尚未到期,债权人可否提前行使代位权?为了更清楚说明这个问题,继续举例(见图10)。

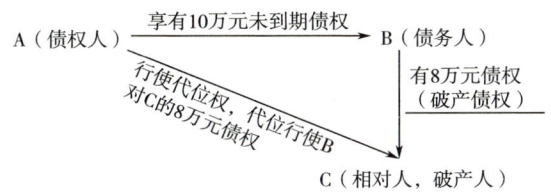

图 10 债权人代位权提前行使分析

假设:A 对 B 享有 10 万元未到期债权,B 对 C 享有 8 万元到期债权,恰在这个时候 C 破产,如前所述,B 应向管理人申报破产债权以便参与破产财产分配,但 B 怠于向管理人申报破产债权,以致影响 A 的债权实现。债权人 A 的债权尚未到期,如果等到债权到期再行使代位权,破产程序可能早已终结,破产财产也早已分配完毕。

为了避免这种情况，《民法典》第五百三十六条规定，"债权人的债权到期前，债务人的债权或者与该债权有关的从权利存在诉讼时效期间即将届满或者未及时申报破产债权等情形，影响债权人的债权实现的，债权人可以代位向债务人的相对人请求其向债务人履行、向破产管理人申报或者作出其他必要的行为"。

（三）法律的具体适用

回到案例 16。通过案例解读法律的具体适用。

甲对乙有 150 万元债权，尚未到期；乙对丙有 100 万元债权。丙破产，乙对丙的 100 万元债权变为破产债权，乙怠于向丙的管理人申报破产债权，影响了债权人甲的债权实现。甲对乙的债权尚未到期，不符合代位权行使的一般条件，但如果甲等到对乙的债权到期再行使，则丙的破产财产可能已经分配完毕。根据《民法典》第五百三十六条的规定，债权人甲可提前行使代位权，向丙的管理人申报 100 万元破产债权。甲的做法符合法律规定。

> 撤销债务人的不当担保,也是保全责任财产不可或缺的一环。

十七、债务人的不当担保,债权人能否行使撤销权?

【案例17】

2020年8月,甲对丁负有500万元债务。2020年10月,甲向丙出具一份《欠款确认及担保书》,确认乙欠丙借款本息共计150万元,甲愿意为上述借款本息150万元提供连带责任保证,保证期限为本《欠款确认及担保书》出具之日起二年内。丁向法院起诉,要求撤销甲为乙对丙的债务提供担保的行为。理由是甲提供案涉担保时,甲的经营已经停滞,且有多起执行案件因无财产被法院裁定终结本次执行。乙作为甲的法定代表人,对这种情况是明知的;担保权人丙不仅与乙相识已久,且多次代表甲,参与了甲与丁之间就清偿500万元债务的商谈。因而,丙对甲不能清偿丁债务的事实是清楚的。试问,对于甲的对外担保行为,丁是否享有撤销权?

【新规】

第五百三十九条 债务人以明显不合理的低价转让财产、以明显不合理的高价受让他人财产或者为他人的债务提供担保,影响债权人的债权实现,债务人的相对人知道或者应当知道该情形的,债权人可以请求人民法院撤销债务人的行为。

【以案释法】

本则案例涉及的焦点问题是债权人对债务人的对外不当担保行为是否享有撤销权。

（一）认识债权人的撤销权

债权人的撤销权与债权人的代位权一样，同属于债权的保全。撤销权和代位权行使的目的，都是为了防止债务人的责任财产不当减少，以确保无特别担保的一般债权得以清偿。

那么，在什么情况下债权人可以行使撤销权呢？当债务人积极地减少责任财产影响债权人的债权实现，债权人就可以行使撤销权。举例说明：A已家徒四壁，对D还欠了100万元的债。A把其名下以100万元购买的精密机器设备，以10万元的低价转让给知情的朋友C。A的这个行为，属于以明显不合理的低价转让财产，且C对该情形也是知道的，债权人D可以向法院申请撤销债务人的行为。

还有另外一种情形。如果债务人已是泥菩萨过江，自身难保，却仍为第三人的债务提供担保，影响债权人的债权实现，这个时候债权人是否可以行使撤销权。比如，A欠E10万元，这笔债务尚未清偿，A又为C对D的债务提供抵押担保，影响债权人E的债权实现。债权人E能否向法院申请撤销A为C对D的债务提供的抵押担保？如果可以撤销，是否会损害债务人C的相对人D的权益？（见图11）

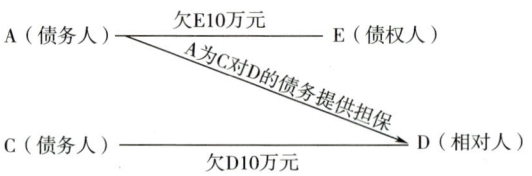

图11　债务人对外不当担保分析

（二）债权人撤销权的行使条件

根据《民法典》第五百三十九条规定，债务人为他人的债务提供担保，影响债权人的债权实现，债务人的相对人知道或者应当知道该情形的，债权人可以请求人民法院撤销债务人的行为。根据该规定，债权人行使撤销权需满足三个条件：

首先，债务人存在为他人的债务提供担保的行为。债务人的担保行为既包括为他人的债务担任保证人，也包括为他人的债务以自己的财产设定抵押、质押等，债务人的这些行为都会减损其责任财产。

其次，债务人的行为影响债权人的债权实现。这里要注意的一点是，不论债务人的行为是影响债权人到期债权的实现，还是会影响未到期债权的实现，债权人均可以行使撤销权。

最后，债务人的相对人主观上存在恶意。所谓债务人的相对人主观上存在恶意，是指债务人的相对人知道或者应当知道债务人的行为影响债权人的债权实现。听起来非常非常绕，是不是？以后碰到越说越绕的问题，就不要说了，直接上图，图可以非常轻松地解读这些问题。我们仍以图11为例，边看图边分析。

一看图就明白了，绕的原因在于撤销权存在二对债权债务关系。债务人的相对人是指D，也就是接受担保的人，D如果知道或者应当知道债务人A的行为（即A为C对D的债务提供抵押担保）影响债权人（E）的债权实现，则对于债务人A的行为，债权人E可以行使撤销权。否则，债权人E不得行使撤销权。当然，债权人E须对债务人的相对人D主观上存在恶意承担举证责任。法律这么规定主要是为了保护交易安全，平衡各方当事人之间的权利义务。

（三）法律的具体适用

回到案例17，通过案例解读法律的具体适用。我们继续上图分析（见图12）。

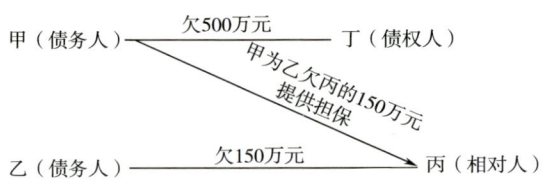

图 12　案例 17 的分析

丁能否行使撤销权，我们具体看一下是否符合撤销权行使的条件。

首先，债务人甲是否存在为他人债务提供担保的行为。甲向丙出具的《欠款确认及担保书》，载明甲愿意为乙欠丙的 150 万元债务提供连带责任保证。提供担保的行为包括为他人的债务担任保证人，而连带责任保证就属于担任保证人（法律上称为人保），因而，甲存在为他人债务提供担保的行为。

其次，债务人甲的行为是否影响债权人丁的债权实现。甲为乙对丙的债务提供担保时，甲不仅自身正常的经营已经停滞，且已有二十余件的强制执行案件因无财产而被法院裁定终结本次执行。显然，债务人甲的对外担保行为减损了其责任财产，影响了债权人丁的债权实现。

最后，债务人的相对人丙主观上是否存在恶意。乙作为甲的法定代表人，对甲的经营状况、资产负债情况应该是明知的；丙不仅与乙相识已久，且多次代表甲参与了甲与丁之间就清偿 500 万元债务的商谈。可见，丙对于甲不能清偿丁债务的事实是知道的。更何况，丙在接受甲的担保之前，理应对甲的基本情况主动进行了解，比如涉诉情况、执行情况，而该等信息都是公开的。因而，丙应当知道甲在提供案涉担保时已陷入债务危机之中，并应当知道甲提供案涉担保的行为会损害债权人丁的债权实现。

据此，债权人丁可以请求法院撤销债务人甲的案涉担保行为，保全甲的责任财产。

> 当强调金钱债权转让所具有的融资功能与主张当事人意思自治两种理念出现矛盾时,法律选择支持前者。

十八、约定"金钱债权不得转让",能否对抗第三人?

【案例18】

甲、乙、丙三人是朋友。2021年初,甲因资金紧张,向乙借了10万元,双方签订《借款协议》,约定借款期限3个月,该笔债权不得转让。乙当天把10万元款项汇给甲。过了2个月,乙看中丙出售的一套价值10万元的机器设备,就跟丙商量说:"我现在急需这套机器设备,但手头没现金,不过有一笔对甲的10万元债权,下个月就到期,能否把这笔债权转让给你,作为购买机器的价金。"丙说:"行啊,没问题,手续办好,你就把机器拿走。"乙、丙当天签订了《债权转让合同》,同时,乙给甲邮寄了《债权转让通知》,转让通知载明,现乙把对甲的10万元债权已转给丙,届时甲直接向丙清偿欠款。没想到,甲对这笔债权转让并不认可,甲认为在约定债权不能转让的情况下,即使转让也属无效行为。试问,这10万元欠款,甲究竟应该向乙清偿,还是丙清偿?

【新规】

第五百四十五条 债权人可以将债权的全部或者部分转让给第三人,但是有下列情形之一的除外:

(一)根据债权性质不得转让;

(二)按照当事人约定不得转让;

(三)依照法律规定不得转让。

当事人约定非金钱债权不得转让的，不得对抗善意第三人。当事人约定金钱债权不得转让的，不得对抗第三人。

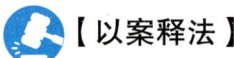【以案释法】

本则案例涉及的焦点问题是"金钱债权不得转让"的约定对第三人是否具有法律效力。

（一）认识债权转让

债权转让听着挺高大上，其实我们小时候可能就做过类似的事，不信，给你举一个例子（见图13）。

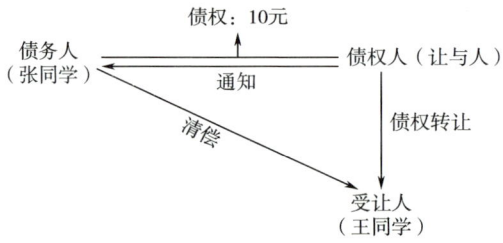

图13 债权转让分析

读书的时候，我和张同学晚自习下课去小卖部买零食，张同学刚好没带钱问我借了10元钱，说好回到寝室就还，结果很久了也没动静。催吧，实在不好意思；不催吧，想着10元钱还能买好几块蛋糕。不过我很快就想到了两全其美的办法。一天晚上，我装作漫不经心的样子说："张同学，我那10元钱你不用还给我了，刚好我欠王同学10元钱，你把还我的钱直接给王同学就好了，我已经跟她说过了。"张同学说："瞧我这记性！真不好意思，你不说我都忘了。王同学，刚好你也在，给，10元钱！"

我把对张同学享有的10元债权，全部转让给王同学（受让人），同时，把债权转让的事实通知了张同学（债务人），张同学收到债权转让通知，债权转让对张同学发生效力。张同学直接把10元钱还给王同学，这一给，不得了，同时清偿了我和张同学以及我和王同学之间的债权债务，一举两得！

债权转让的好处是不仅能快速清偿债务，更大的好处在于能够融资。比如，现在有一个好的项目，需要投资200万元，而你没有现金流，但有一笔300万元的还没有到期的金钱债权。如果债权不能转让，你又无法筹措到这笔款项，那就只能眼巴巴地看着项目流走；债权可以转让，结果就完全不同了，尤其是金钱债权就相当于现金了，你可以把这笔债权转让给第三人进行融资从而顺利投资。

（二）债权转让的限制

债权转让对鼓励交易，促进市场经济发展都有好处，法律也是规定债权可转让是原则，不可转让是例外。

不可转让的类型按照性质分为法定限制和约定限制。

法定限制包括两种情形：①根据债权性质不得转让。比如扶养请求权，这个具有人身专属性，没法转让；又比如，赠与合同的赠与人明确表示赠与款项用于改善养老院老人的文化健身设施，这个债权根据性质也无法转让，属于专款专用性质。②法律规定不得转让。如《保险法》规定"按照以死亡为给付保险金条件的合同所签发的保险单，未经被保险人书面同意，不得转让或者质押"。这个很好理解，如果以死亡为给付保险金条件的债权可以转让，则容易滋生道德风险，所以法律规定，非经被保险人书面同意，保险单不得转让或质押。

约定限制是指按照当事人约定不得转让。这是当事人意思自治原则的体现。比如两个当事人之间关系比较紧密，业务往来也比较多，双方就约定，为了维系友好的合作关系，债权不得转让给第三人，就在双方之间形成内循环。

如果"当事人约定不得转让的债权，一律不能转让"，实务中可能会出现什么问题？答："大家都约定债权不得转让。"约定限制债权转让，确实充分体现了意思自治，但如果大家都约定债权不得转让，尤其实务中债权转让主要还是金钱债权的转让，这样一来前面说的债权转让好处统统没有，债权经济价值也就不能充分发挥，对整个社会的经济运行也不利。为了避免这种情况的发生，法律就对约定限制的情形又进行了限制。

（三）约定"金钱债权不得转让"不得对抗第三人

《民法典》第五百四十五条第二款第二句规定，"当事人约定金钱债权不得转让的，不得对抗第三人"。这句话包括了两层意思：①这个约定对当事人仍具有效力。②这个约定对第三人不具有法律效力。尤其要注意的是，这里的"第三人"是指任何第三人，即使这个第三人知道当事人之间约定金钱债权不得转让，这个约定对第三人仍不具有法律效力。

法律这么规定的理由主要在于，允许金钱债权转让的"利"远大于"弊"。允许债权转让，通常来说不太会损及债务人的利益。对于债务人来说，无非是把欠款还给张三还是李四。更何况"金钱债权不得转让"的约定在当事人之间还是有效的，即使有什么问题，完全可以按照违约条款来处理；而不允许债权转让，则金钱债权的流通性能与融资功能都大大受损，不利于整个社会经济的有序运行和流通。

（四）法律的具体适用

回到案例18。通过案例解读法律的具体适用。

甲和乙在《借款合同》中约定10万元债权不得转让，该债权属于金钱债权，该约定仅在甲、乙之间发生效力，而不能对抗第三人丙。

乙和丙签订《债权转让合同》，该合同就在乙和丙之间发生法律效力，是否通知债务人甲，并不影响该合同效力。

甲自收到乙邮寄的《债权转让通知书》，该债权转让对甲也发生法律效力，此时，债务人甲的债权人应为丙而非乙，债务人甲应向丙清偿10万元债务。

> 主权利与从权利如影随形；债权转让时，如无特殊情况，从权利伴随主权利一同转让。

十九、债权转让，从权利的抵押权是否一并转让？

【案例19】

甲和乙是同学。受疫情影响，甲做生意资金紧张，乙主动借钱给甲，双方签订了《借款协议》。为表示自己的诚意，甲与乙另行签订《抵押担保协议》，甲以其名下的商品房为该笔借款提供了抵押担保，并办理了抵押权登记。半年之后，乙因孩子上学急需一笔钱，就将其对甲的债权转让给了丙，并通知了甲。甲说，债权转让就转让吧，但不同意办理抵押权变更登记，因为案涉抵押权专属于乙。经查《抵押担保协议》并未约定该抵押权专为乙设置。试问，债权转让，丙是否一并取得作为从权利的抵押权？

【新规】

第五百四十七条　债权人转让债权的，受让人取得与债权有关的从权利，但是该从权利专属于债权人自身的除外。
受让人取得从权利不因该从权利未办理转移登记手续或者未转移占有而受到影响。

【以案释法】

本则案例涉及的焦点问题是债权转让时从权利是否应一并转让。

(一)再识从权利

在第十五个新常识"行使代位权,是否及于债务人的担保物权?"中,我们已经初识从权利,知道从权利是指附随于主权利的权利。与债权有关的从权利,主要是指担保权利,包括担保物权和保证。今天,笔者将从另一个角度,深入介绍从权利。

王国维在《人间词话》说到了人生的三种境界,"昨夜西风凋碧树。独上高楼,望尽天涯路",此第一境界也。"衣带渐宽终不悔,为伊消得人憔悴",此第二境也。"众里寻他千百度,蓦然回首,那人却在灯火阑珊处",此第三境也。王国维大师用三个境界,通过层层递进,讲述了人生精神层面的升华;笔者也试着用三个境界,从普通到特殊,说清楚主权利和从权利的关系。我们先说三个境界,说完之后再找几个法条来验证。

主权利和从权利的关系有三层境界:第一层境界,一般情况下,从权利跟随主权利(如影随形)。主权利在哪,从权利在哪;主权利转让,从权利随之转让。第二层境界,在当事人特约情况下,从权利跟随主人。当事人约定从权利专为债权人自身设置的,从权利仅跟随设置从权利时的债权人。第三层境界,法律对从权利的转让有特殊规定的,按特殊规定处理。

看到法条,马上就要思考该法条属于三层境界的哪层境界。先看今天主讲的法条:"债权人转让债权的,受让人取得与债权有关的从权利,但是该从权利专属于债权人自身的除外。"这个法条前半句就是三重境界中的第一层境界,在无特殊情况下,从权利跟随主权利。主权利在哪,从权利在哪。主权利转让,从权利转让。后半句,笔者以为就属于第二层境界。

接着看第四百零七条,"抵押权不得与债权分离而单独转让或者作为其他债权的担保。债权转让的,担保该债权的抵押权一并转让,但是法律另有规定或者当事人另有约定的除外"。抵押权就是从权利,该法条除去但书条款,说的也是第一层境界,无特殊情况下,"抵押权不得与债权分离而单独转让或者作为其他债权的担保",说的仍旧是从权利跟随主权利。所以,平时看法条,看到那么多内容,不要觉得很难记,把原理弄清楚,归类总结,就不会太难记。最后再验证一条。第四百二十一条规定,"最高额抵押担保的债权确定前,部分债权转让的,最高额抵押权不得转让,但是当事人另有约定的除外"。根据该规定，当事人无特别约定的情况下，最高额抵押担保的债权确定前，部分债权转让（主权利转让），最高额抵押权不得转让（从权利不跟着主权利一并转让）。这个说的是第三种境界，即法律对从权利的转让有特殊规定，则按法律规定。

（二）抵押权未办理变更登记不影响变动效力

接下来问各位一个问题，主债权转让，从权利随之转让，但受让人取得这些从权利是否要以办理转移变更登记或者转移占有为前提呢？假设主债权转让，抵押人不愿意配合办理房屋抵押变更登记手续且当事人又未约定该从权利专属于债权人。我们知道，房屋抵押权的变更，经依法登记发生效力；未经登记，不发生效力，法律另有规定的除外。这个时候，如果认定从权利（抵押权）未办理变更登记不发生物权变动效力，则与从权利跟随主权利的第一重境界不符；如果认定无须办理物权变更登记而使受让人直接取得从权利，又违反了物权变动公示公信原则。此时应该怎么办？问题不难解决。受让人仍取得从权利。原因就在于受让人取得从权利是基于法律的规定，并非基于法律行为而取得。对此，《民法典》第五百四十七条第二款规定，"受让人取得从权利不因该从权利未办理转移登记手续或者未转移占有而受到影响"。根据该法条规定，抵押人不同意配合办理房屋抵押权变更登记手续，也不影响受让人取得该房屋抵押权。法律虽然规定了从权利即使未办理转移登记手续或未转移占有，也不影响受让人取得从权利，但是在实务中为避免风险，最好还是与相关方做好相应衔接。

（三）法律的具体适用

回到案例 19。通过案例解读法律的具体适用。

甲（债务人）与乙（债权人）签订《借款协议》，甲与乙另行签订《抵押担保协议》，甲以其名下的房屋为该笔借款提供抵押担保并办理了抵押登记，抵押协议未约定该抵押权是为乙专门设置。乙将该笔金钱债权转让给丙，甲不同意办理抵押权变更登记。根据《民法典》第五百四十七条第二款的规定，因当事人签订的《抵押担保协议》未约定该从权利（抵押权）专属于乙，因而债权转让，从权利即使未办理转移登记，也不影响丙取得从权利。

> 基于同一合同产生的债权可以抵销，对于债权转让，也不例外。

二十、债务人与受让人互有债权，能否相互抵销？

【案例20】

甲（出卖人）与乙（买受人）签订《空调买卖合同》，甲交付了全部空调后，将其对乙的50万元债权转让给了丙，并通知了乙。乙在使用过程中，发现空调质量存在问题，根据合同约定，甲须向乙支付5万元违约金。债权到期后，丙要求乙清偿50万元，乙仅同意支付45万元，另5万元主张抵销。丙不予认可，认为其并非案涉买卖合同相对人。试问，该5万元违约金，乙能否主张抵销？

【新规】

第五百四十九条　有下列情形之一的，债务人可以向受让人主张抵销：
（一）债务人接到债权转让通知时，债务人对让与人享有债权，且债务人的债权先于转让的债权到期或者同时到期；
（二）债务人的债权与转让的债权是基于同一合同产生。

【以案释法】

本案涉及的焦点问题是债权转让后基于同一合同产生的债权能否相互抵销。

（一）认识抵销权

抵销，相比于代位权、从权利，那可是非常接地气。日常生活中，几乎每个人都会用到抵销。比如，A和闺蜜E趁着节假日一起出去游玩，说好AA制。旅游结束，二人凑在一起算账：门票是你买的，导游费是我付的，游船费用是你出的，住宿费是各自付的，午饭钱是我付的。七七八八一算，A要付给E300元，E要付给A350元。也就是A对E享有350元的债权，E对A享有300元的债权。A就说了，我的300元债权跟你的300元债权相互抵销，你再付给我50元就两清了。E认为，完美！提出抵销的A的300元债权称作主动债权，被抵销的E的300元债权称作被动债权。

抵销有很多好处，比如不需要经过诉讼，不必相互履行，具有担保功能。尤其是一方当事人财产状况恶化不能正常履行债务时，这个时候，对方当事人可以行使抵销权，确保自己债权相应实现，避免损失。抵销权在法律上被称为形成权，所谓形成权，就是依权利人一方的意思就可以使法律关系发生、内容变更或消灭的权利。比如刚才说的A主张抵销300元债权，无须经E同意，只要该抵销的通知到达E时就生效。反之，亦然。

各位判断一下，下面这个情况，哪个当事人可以主张抵销？

张三对李四负有1 000元债务，该债务10月1日到期；李四对张三同样负有1 000元债务，该债务12月1日到期。11月10日，张三向李四要求抵销1 000元债务，是否可以？或者李四向张三要求抵销债务，又是否可以？

张三不能主张抵销。张三债务到期了，但李四债务尚未到期。张三主张抵销，无异于取消李四的期限利益（要求李四提前履行债务）。反过来，李四可以主张抵销，因为张三债务已经到期了，李四主张抵销，相当于李四自愿放弃期限利益，放弃权利是可以的。任何一方当事人主张将自己的债务与对方抵销，一定是与对方的到期债务抵销，至于自己的债务是否已经到期，不影响抵销权的成立。

（二）债权转让不影响债务人的抵销权

当事人基于同一合同互负债权债务，债权转让后，债务人的债权能否向受让人主张抵销？这个问题不难回答。我们就像庖丁解牛一样，先确定在债权转让之前基于同一合同产生的债权能否相互抵销。假设基于同一合同产生的债权分别是价款债权（出卖人）与损害赔偿金（买受人），债权均已到期，这两个债权都是金钱债权，也不存在根据债务性质、当事人约定或依照法律规定不得抵销的情形，因而，价款债权与同等金额的损害赔偿金可以抵销。既然债权转让之前，这两个债权可以相互抵销，且债权转让又无须征得债务人同意，从公正性角度来说，债务人的利益不因债权转让而受到损害，因而，债务人所享有的抵销权并不因债权转让而受到影响，只不过相对人由转让人变更为受让人。事实上，《民法典》第五百四十九条第二项也作了同样的规定，"有下列情形之一的，债务人可以向受让人主张抵销：（二）债务人的债权与转让的债权是基于同一合同产生"。

（三）法律的具体适用

回到案例20。通过案例解读法律的具体适用。

甲（出卖人）与乙（买受人）签订《空调买卖合同》，甲交付了全部空调后，将其对乙的50万元债权转让给了丙，并通知了乙。乙在使用过程中，发现空调质量存在问题，根据合同约定，甲须向乙支付5万元违约金。现受让人丙要求乙支付50万元债权，乙主张抵销5万元，债务人的债权（违约金）与受让人主张的债权（价款债权）均是基于案涉《空调买卖合同》产生，根据《民法典》第五百四十九条第二项的规定，乙有权向丙主张抵销违约金5万元，仅需向丙支付45万元。

> 不要随随便便写收条。有时，它带给你的影响超出你的想象。

二十一、代写了张收条，是否就是债务加入？

【案例21】

2019年8月10日，年迈的甲向乙借款5万元，用于农村建房，乙将该款项交付给甲。甲不识字，双方当场没有写任何字据。过了一段时间，甲的女儿丙回家探亲，在甲的请求下，丙替甲写了一张收条，载明："今收到乙人民币5万元，月息1.5%。"落款是丙。甲将该收条交付给乙。乙认为丙的行为属于债务加入。甲未按约归还借款。乙向法院起诉，要求丙归还借款本息共计5.5万元。丙委屈不已，认为自己仅仅是替甲写了收条，并非借款人，最多作为甲的担保人；应将甲列为第一被告。试问，丙写收条的行为，是否属于债务加入？

【新规】

第五百五十二条　第三人与债务人约定加入债务并通知债权人，或者第三人向债权人表示愿意加入债务，债权人未在合理期限内明确拒绝的，债权人可以请求第三人在其愿意承担的债务范围内和债务人承担连带债务。

【以案释法】

本则案例涉及的焦点问题是丙所写的收条是否属于债务加入。

（一）认识债务加入

债务加入还有另外一个名称，叫并存的债务承担。听到这个名称，你就可以明白，第三人加入到债务中，原债务人并不退出债权债务关系，而是与第三人一起对债权人负有连带债务。一般情况下，这对债权人是一个好事，因为债务加入相当于多了一个债务人的责任财产，对债权人债权的实现就更有保障。但任何人均有权拒绝获利，就像我们前面说过的，真正利益第三人合同中的第三人，有权拒绝赋予其对债务人的直接履行请求权，同样地，对于债务加入的要求，债权人也可以在合理的期限内予以明确拒绝。今天的内容，涉及的连带责任、保证（从权利）、拒绝获利的权利，都是以前讲过的。

问大家一个问题，债务加入与承担保证责任是不是一回事？具体的保证责任我们还没有学，但我们知道保证是从权利。因此，债务加入和承担保证责任尽管有共同点，都是增加了担保债权实现的责任财产，但二者的区别还是很明显的。比如，保证人承担保证责任后可以向债务人追偿，而债务加入人作为连带债务人履行债务后，是否对债务人享有追偿权，取决于他们之间的约定。

（二）构成债务加入条件

法律上如何认定构成债务加入？《民法典》第五百五十二条规定，"第三人与债务人约定加入债务并通知债权人，或者第三人向债权人表示愿意加入债务，债权人未在合理期限内明确拒绝的，债权人可以请求第三人在其愿意承担的债务范围内和债务人承担连带债务"。根据该规定，构成债务加入须符合以下条件：

首先，原债权债务有效存在。其次，存在债务加入合同。加入行为既可以是第三人与债务人约定加入债务并通知债权人，也可以是第三人直接向债权人表示愿意加入债务。最后，债权人未在合理期限内，明确拒绝第三人的债务加入行为。

符合上述条件的第三人的行为构成债务加入。第三人与原债务人一起对债权人负连带债务。这里要注意的一点是，债务加入人承担债务的范围，并非一定与原债务人完全相同。如果债务加入合同约定了具体的债务承担范围，债权人只能请求第三人在其愿意承担的债务范围内与债务人一起承担连带债务。

(三) 法律的具体适用

回到案例21。通过案例解读法律的具体适用。

首先，认定案涉收条的性质。甲向乙借款，乙将款项实际交付给甲，当事人对此都予以认可，甲乙双方成立民间借贷关系。甲不识字，请求女儿丙为其出具收条，丙出具的收条上载明"今收到乙人民币5万元，月息1.5%"，落款人是丙。丙既非实际借款人，也未实际收到借款，出具的收条却载明"收到乙人民币5万元，月息1.5%"，落款的名字是丙本人。该行为表明，丙向债权人乙表示其愿意加入到原债务人甲和债权人乙的民间借贷关系中，并作为共同债务人共同承担还款责任。这也正是《民法典》所规定的"第三人向债权人表示愿意加入债务"，据此，该收条的性质，属于债务加入。

其次，债务加入是否构成连带债务。连带债务必须由法律规定或当事人约定。法律明确规定债务加入，"债权人可以请求第三人在其愿意承担的债务范围内和债务人承担连带债务"。

最后，乙仅起诉丙承担全部还款责任，是否符合法律规定。我们前面学过，连带债务的债权人可以要求全部或部分的债务人履行全部债务。甲和丙既然是连带债务人，作为连带之债的债权人，可以要求任何一个债务人清偿全部债务，因而，乙有权仅向丙主张权利，丙无权拒绝。

> 未约定债的清偿顺序究竟是先本后息还是先息后本，当事人常会发生争执并诉诸公堂。事实上，法律对此已有规定。

二十二、给付不足清偿全部债务，如何确定抵充顺序？

【案例22】

甲向乙借款10万元，约定借款期限一年，利息5 000元。因甲未在约定的时间内归还借款，乙向法院提起诉讼，要求甲归还借款本息以及保全费用1 000元。收到起诉状副本后，甲通过银行汇给乙3万元，但未注明该款项性质。双方对该3万元是作为先归还本金、利息还是保全费发生争议。试问，该3万元应按何种顺序进行抵充？

【新规】

第五百六十一条　债务人在履行主债务外还应当支付利息和实现债权的有关费用，其给付不足以清偿全部债务的，除当事人另有约定外，应当按照下列顺序履行：

（一）实现债权的有关费用；
（二）利息；
（三）主债务。

【以案释法】

本则案例涉及的焦点问题是归还款性质不明时的抵充顺序。

(一)实务中有关抵充顺序的争议

债务人的给付不足清偿全部债务,是先抵充实现债权的有关费用(如公证费、诉讼费、保全费)、利息还是主债务,债权人与债务人处于不同的立场,经常会发生争议。以借款合同为例,债务人认为该款项应先抵充本金,而债权人则认为应先还利息。不同的清偿抵充顺序,会导致完全不同的结果。因而,我们有必要了解法律关于抵充顺序的规定。

(二)法律关于清偿抵充顺序的规定

《民法典》第五百六十一条规定,"债务人在履行主债务外还应当支付利息和实现债权的有关费用,其给付不足以清偿全部债务的,除当事人另有约定外,应当按照下列顺序履行:(一)实现债权的有关费用;(二)利息;(三)主债务"。根据该规定,清偿抵充顺序规定如下(见图14):

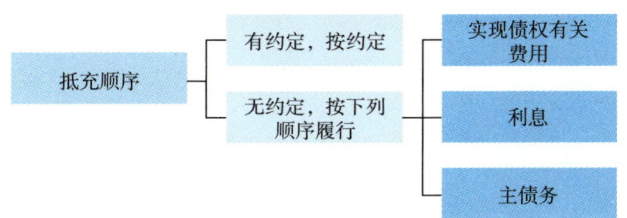

图14 费用、利息、主债务的抵充顺序

适用规则的时候,有两点要注意:其一,抵充顺序可以由当事人约定,但不能由债务人单独指定。这么规定的理由在于更有利于对债权人利益的保护,因而排除了债务人指定的权利。比如,债务人指定,此次打过来的这笔款项先充抵本金,这样的指定是无效的。其二,在当事人对抵充顺序无约定的情况下,就只能适用法定清偿顺序。

(三)法律的具体适用

回到案例22。通过案例解读法律的具体适用。

甲向乙借款10万元,仅归还3万元,该笔归还款显然不能清偿全部债务;当事人双方也未对该3万元归还款的性质进行约定。因而,根据本法条的规定,该 3 万元归还款按法定的抵充顺序：首先抵充实现债权的有关费用 1 000 元（保全费）；其次抵充利息 5 000 元；最后抵充主债务 2.4 万元。抵充完毕后，未偿还的主债务还剩下 7.6 万元。

> 享有解除权却迟迟不行使,就像另一只未落地的靴子一样,不知是马上要甩落下,还是会轻轻地放下。

二十三、在无规定或无约定情况下,如何计算解除权的行使期限?

【案例 23】

甲(房产公司)和乙(建筑工程公司)签订《桃有园棚户区改造工程施工合同》(以下简称《施工合同》)。合同约定,甲一旦出现不按约定支付工程进度款,造成无法继续履行合同,乙享有合同解除权。合同实际履行过程中,乙于2020年4月就已知道甲不按合同约定支付工程进度款,造成无法继续履行合同。2021年6月,乙向法院起诉请求解除案涉施工合同。甲认为已过了解除权行使期限,乙无权解除合同。试问,乙能否行使合同解除权?

【新规】

第五百六十四条 法律规定或者当事人约定解除权行使期限,期限届满当事人不行使的,该权利消灭。

法律没有规定或者当事人没有约定解除权行使期限,自解除权人知道或者应当知道解除事由之日起一年内不行使,或者经对方催告后在合理期限内不行使的,该权利消灭。

【以案释法】

本则案例涉及的主要问题是"三无"情形下(无规定、无约定、无催告)

解除权行使期限的认定。

（一）认识解除权行使

跟各位分享一个"靴子落地"的故事。

从前，有个老人的卧室楼上住着一个年轻人，年轻人经常深夜回来，进房间往床上一躺，脱下靴子"咣当"一声，把靴子往地下重重一扔，把老人从梦中惊醒，接着又是"咣当"一声，第二只靴子又重重地落地。等两只靴子都落地后，老人才能安然入睡。久而久之，老人也习惯了，每天就坐等两只靴子都落地后再睡安心觉。又到了一个晚上。像往常一样，过了十二点，"咣当"，一只靴子重重落下，"第二只"，老人一边默念，一边准备就寝。奇怪的是，这一次，左等右等，直到第二天早上，都没有听到第二只靴子的落地声。原来，这个年轻人突然意识到这么扔靴子会惊吓到楼下的老人，就蹑手蹑脚地把第二只靴子轻轻放下。

为什么跟大家分享这个故事呢？因为靴子的故事与解除权行使有异曲同工之处。我们知道，合同不论是约定解除，还是法定解除，只要解除权条件成立，解除权人就可以单方行使解除权（法律性质上称为形成权）而无须与对方协商。这个时候，相对人就像是住在楼下每天等靴子落地声的老者一样，解除权人享有的解除权，好像已落地的那只靴子；而解除权人是否行使解除权，则像是另一只未落地的靴子。

如果解除权人对其享有的解除权，既不行使又不放弃，弄得相对方每天心神不宁，不知道对方的另一只靴子，究竟是要"咣当"落下（行使解除权），还是要轻轻放下（继续履行合同）。这种纠结状态，显然不利于合同长期稳定地继续履行，也与保护交易安全的立法目的不符。另外，法律不会保护"权利上的睡眠者"，基于以上原因，法律要对解除权行使的期限予以规定。

（二）解除权行使期限

《民法典》第五百六十四条规定："法律规定或者当事人约定解除权行使期限，期限届满当事人不行使的，该权利消灭。法律没有规定或者当事人没有约定解除权行使期限，自解除权人知道或者应当知道解除事由之日起一

年内不行使,或者经对方催告后在合理期限内不行使的,该权利消灭。"据此,解除权的行使期限分三种情形(见图15):

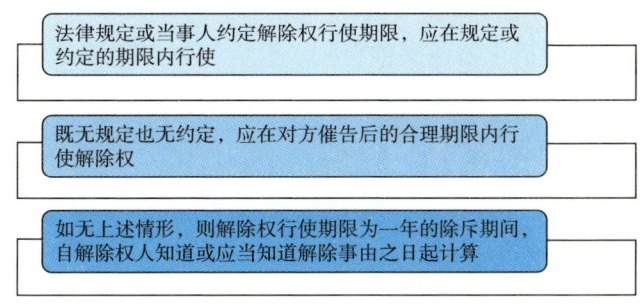

图15 解除权的行使期限

第一种,有具体的行使期限。法律明确规定或当事人具体约定解除权行使期限,则在该规定或约定的期限内行使,过时作废。

第二种,对方催告后的合理期限内行使。如无具体行使期限,对方当事人为明确解除权人是否行使解除权,可催告解除权人行使解除权,享有解除权的当事人超过合理期限未行使解除权,解除权消灭。

第三种,如果无上述情形(无规定,无约定,无催告),则自解除权人知道或应当知道解除事由之日起一年内行使。要注意的是,这一年的期间是不变期间。法律上把这种不变期间称为除斥期间,所有的解除权行使期限都是除斥期间。一年就是一年,十天就是十天,过了相应的行使期限,解除权就消灭了。

(三)法律的具体适用

回到案例23,通过案例解读法律的具体适用。

首先,认定乙是否享有合同解除权。当事人约定了施工合同解除事由,即"甲一旦出现不按约定支付工程进度款,造成无法继续履行合同,乙享有合同解除权"。根据庭审情况,乙于2020年4月28日就已经知道甲不按合同约定支付工程进度款,无法继续履行合同。此时合同解除事由已经发生,乙享有合同解除权。

其次,确定解除权行使期限。对于解除权行使期限,本案无法律规定,也无当事人约定，同时相对人也未进行催告，因而乙的解除权自解除权人知道或应当知道解除事由之日起一年内行使。乙自 2020 年 4 月 28 日知道解除事由，乙解除权行使期限应为 2020 年 4 月 29 日至 2021 年 4 月 29 日。乙于 2021 年 6 月才起诉请求解除案涉合同，此时乙的解除权已消灭，不再享有合同解除权，双方应继续履行合同。

> 对于签订的合同，每个人都希望能圆满履行。基于这样的愿望，享有解除权的当事人也愿意给予违约方一个弥补的机会。

二十四、附期限解除合同，期限届满合同是否自动解除？

【案例24】

甲（出租方）与乙（承租人）签订《房屋租赁合同》。约定租期自2020年10月1日至2022年9月30日止；乙一旦未按约支付租金，经催告15天内仍未支付，甲有权解除合同。2021年3月，乙就欠付租金且经多次催告仍未支付。甲于2021年5月向乙送达《房租催缴通知函》，给予乙20天的宽限期，要求乙必须在2021年5月31日前结清所欠租金5万元，逾期则自动解除案涉《房屋租赁合同》。乙在通知函约定的期限内仍未支付。试问，到了2021年6月1日，案涉租赁合同是否自动解除？

【新规】

第五百六十五条第一款　当事人一方依法主张解除合同的，应当通知对方。合同自通知到达对方时解除；通知载明债务人在一定期限内不履行债务则合同自动解除，债务人在该期限内未履行债务的，合同自通知载明的期限届满时解除。对方对解除合同有异议的，任何一方当事人均可以请求人民法院或者仲裁机构确认解除行为的效力。

【以案释法】

本则案例涉及的主要问题是附期限解除合同能否产生自动解除的法律效果。

（一）关于"附期限解除合同"

各位判断一下，下面哪一个是附期限解除合同。

假设，A 公司和 B 公司签订买卖合同，B 公司违约，A 公司享有解除权。享有解除权的当事人行使解除权，应当通知对方，通知自到达对方时生效。现 A 公司决定行使解除权，第一种方法，派穿红衣服的邮递员，快马加鞭地给 B 公司送《解除合同通知书》，当邮递员把通知书送达时，买卖合同就解除了。第二种方法，派穿黄衣服的邮递员，给 B 公司送《催告函》，主要内容大致是：贵方已违约，本公司享有合同解除权。鉴于多年友好的合作关系，愿意再给贵方一个机会，限贵方收到催告函的 10 天内履行债务，宽限期届满，仍未履行，案涉买卖合同自动解除。

大家是不是非常容易就可以判断，第二种情形就是附期限解除合同。相较于第一种直接解除合同，附期限解除合同显得更宽松一些，享有解除权的当事人愿意再给违约方一个补救的机会，对此，《民法典》第五百六十五条第一款第二句明确规定，"合同自通知到达对方时解除；通知载明债务人在一定期限内不履行债务则合同自动解除，债务人在该期限内未履行债务的，合同自通知载明的期限届满时解除"。

（二）期限届满合同自动解除

问各位一个问题，如果违约方在宽期限内仍未履行债务，那么这个合同就直接自动解除，还是解除权人还得再发一个通知解除合同的函？有朋友说，"就直接解除了"。回答得非常好。因为法律所要求的解除合同的通知义务在发《催告函》的时候就履行了。

再追问一个问题。假设一方当事人向对方当事人发出解除通知之后，对方对解除合同有异议，认为发出解除通知之人并不享有解除权，但该当事人又不向人民法院或仲裁机构确认解除合同效力的，此时，发出解除通知之人是否可以直接向人民法院或仲裁机构确认解除合同效力呢？答案是可以的。为了不使合同长期处于不稳定之中，使当事人之间的法律关系明确，《民法典》第五百六十五条第一款最后一句话规定，"对方对解除合同有异议的，任何一方当事人均可以请求人民法院或者仲裁机构确认解除行为的效力"。

(三)法律的具体适用

回到案例 24。通过案例解读法律具体适用。

甲(出租方)与乙(承租人)签订《房屋租赁合同》。根据合同约定,乙一旦未按约支付租金,经催告 15 天内仍未支付,甲有权解除合同。2021 年 3 月,乙就欠付租金,且经多次催告仍未支付,显然,至 2021 年 5 月,甲向乙送达《房租催缴通知函》时,甲已享有解除权,但甲并未直接解除案涉租赁合同,而是又给了乙 20 天的宽限期,要求乙在 2021 年 5 月 31 日前结清所欠租金,否则案涉租赁合同自动解除。该《房租催缴通知函》的性质为附期限解除合同,因乙仍未在约定的宽限期内履行债务,所以宽限期届满,案涉《房屋租赁合同》自 2021 年 6 月 1 日自动解除。

> 享有解除权的当事人，也有直接通过人民法院或仲裁机构主张解除合同的，对此，法律也给予了积极的回应。

二十五、直接以诉讼方式解除合同，如何认定合同解除的时间？

【案例 25】

2020年4月25日，甲（业主）与乙（装修公司）签订《室内装修施工合同》（以下简称《装修合同》），约定乙为甲装修新居，施工期限为2020年4月30日至2020年9月30日。因施工期限严重超期，新居装修已长期停工，且双方就合同总价款、施工进度款支付等事项都存在较大争议，甲直接向法院提起诉讼，请求解除案涉《装修合同》。乙于2021年5月3日收到起诉状副本。法院经审理，判决案涉《装修合同》解除。法院判决生效时间为2021年6月3日。试问，如何认定案涉《装修合同》的解除时间？

【新规】

第五百六十五条第二款　当事人一方未通知对方，直接以提起诉讼或者申请仲裁的方式依法主张解除合同，人民法院或者仲裁机构确认该主张的，合同自起诉状副本或者仲裁申请书副本送达对方时解除。

【以案释法】

本则案例涉及的焦点问题是通过诉讼方式主张解除合同的解除时间认定。

（一）解除权人的猜想

我们知道，当事人一方依法解除合同，应通知对方，通知自到达对方时生效。相对方如果对合同解除不认可或不表态，为尽快确认解除合同行为的效力，行使解除权的当事人还要采取措施，那就是向人民法院或仲裁机构请求确认解除合同行为的效力。相信一定有读者在琢磨，这样看来直接发通知解除合同前期虽然简便，但存在隐患，很有可能还要到法院做一个确认之诉（确认解除合同的效力）。本想省心但却还费力；既然这样，还不如不发通知，直接向法院或仲裁机构主张解除合同，这样做是否可以呢？

（二）解除权人可直接向法院主张解除合同

回答上面的问题之前，我们先看图 16。

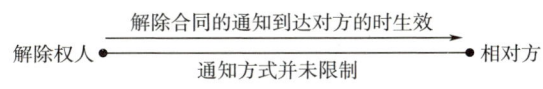

图 16　解除合同的通知方式

法律只是规定解除权人（为表达的简洁，这里所指的解除权人均指享有解除权的当事人）行使解除权，应当通知对方，对于具体的通知方式，并没有限制。解除权人直接向法院主张解除合同，相较于非诉讼方式（如书面通知），更正式也更稳妥，同时也能有利于当事人更快地解决诉争合同的纠纷，又有何不可？至于解除权人对相对人须履行的通知义务，更是完全没有问题，因为起诉状副本都会送达合同的相对方，此时的起诉状副本就相当于解除合同通知书，相对方收到起诉状副本的时候，解除权人也就完成了送达解除合同通知书的义务。

（三）解除合同时间认定

接下来的一个问题是，解除权人向法院主张解除合同，法院对该主张予以确认，那么解除合同的时间如何认定？究竟是以合同相对方收到起诉状副本之时，还是自法院判决生效之日起呢？

当事人通过诉讼方式解除合同，就其实质而言，仍属于依法主张解除合同范畴,只不过解除方式不同而已,因而,合同解除时间应符合通知到达主义,即解除时间为相对方收到起诉状副本之日。对此《民法典》第五百六十五条第二款明确规定,"当事人一方未通知对方,直接以提起诉讼或者申请仲裁的方式依法主张解除合同,人民法院或者仲裁机构确认该主张的,合同自起诉状副本或者仲裁申请书副本送达对方时解除"。

(四)法律的具体适用

回到案例25。通过案例解读法律的具体适用。

2020年4月25日,甲(业主)与乙(装修公司)签订《装修合同》。具体施工过程中,乙的施工期限严重超期,新居装修已长期停工,乙的行为已严重违约。甲直接向法院主张解除案涉《装修合同》,这是属于直接以诉讼方式依法主张解除合同。乙于2021年5月3日收到起诉状副本。法院经过审理,确认甲享有解除权,依法解除案涉《装修合同》,根据本法条的规定,合同解除时间为乙收到起诉状副本之日。

> "得理"不"饶人",形成僵局,两败俱伤。当断则断,让经济动起来,或许就是法律的态度。

二十六、违约的承租人,是否享有合同解除权?

【案例26】

2019年5月,甲(承租人)与乙(出租人)签订《房屋租赁合同》,租期3年。"违约金条款"约定:"合同有效期内,如果承租人发生任何合同涉及的违约行为而导致终止本合同,承租人须向出租人支付全额未到期的租金"。履约过程中,承租人因租金等原因拟提前退租,并与乙协商合同解除事宜。乙坚持继续履行合同除非甲同意支付约定的违约金。由于双方就合同解除事宜未能协商一致,2020年6月,甲搬离并腾空了案涉房屋,同时向法院提起诉讼,请求解除租赁合同。乙认为甲作为违约方,并无解除权。试问,如果乙不行使解除权,甲就必须履行合同?

【新规】

第五百八十条 当事人一方不履行非金钱债务或者履行非金钱债务不符合约定的,对方可以请求履行,但是有下列情形之一的除外:

(一)法律上或者事实上不能履行;

(二)债务的标的不适于强制履行或者履行费用过高;

(三)债权人在合理期限内未请求履行。

有前款规定的除外情形之一,致使不能实现合同目的的,人民法院或者仲裁机构可以根据当事人的请求终止合同权利义务关系,但是不影响违约责任的承担。

（一）认识合同僵局

合同依约履行，这既是法律的规定，也是大家的共识。但社会生活中，因各种原因当事人没有按约履行合同义务也是常有的事。比如案例26中的甲。甲承租了乙的房屋，刚履约了1年（租期3年），就因租金等原因要求提前退租并腾空了所租赁的房屋，对甲的违约行为，乙享有合同解除权。乙直接行使解除权，则甲承担违约责任之后，双方各自安好，该重新招租的招租，重新找房的找房，相见亦是朋友。

乙偏不，乙要求继续履行合同。如果债务的性质适合继续履行，也不是问题，比如欠1万元，没有按时履行，要求你继续履行就是了。问题的关键是，甲的债务性质有其特殊性，因为不可能对甲说，甲，你腾空了也没有用，你必须回来住在这里，或者说一定要在这里办公。如果真这样，则不仅双方之间的信赖基础丧失殆尽，而且从某种程度上说，也限制了甲的活动自由、意志自由。所以，司法实务中，认为这类债务标的不适宜强制履行。

甲既然这么决绝，都已通过腾空房屋来表明他的态度，强扭的瓜不甜，那么，甲是否享有解除权呢？不享有！我们分析一下，甲要解除合同，只有三个途径，即协议解除、约定解除和法定解除，甲显然一种也够不上，当然就没有解除权。

现在大家有没有发现，按前述分析，案涉租赁合同已经完全进入了一个死胡同，也就是所谓的"合同僵局"（见图17）：乙享有合同解除权却拒绝行使，甲请求解除合同却无解除权；乙要求甲继续履行合同，甲索性腾空房屋来拒绝履行，乙对甲还真没办法，因为债务标的不适于强制履行。

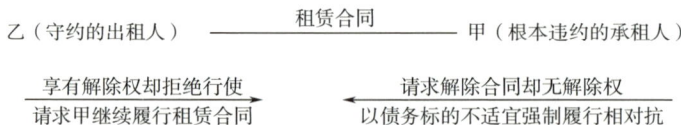

图17 租赁合同僵局分析

既然乙坚持不解约（解约也可以，付高额违约金），能否换个思路换条出路，向法院起诉请求解除合同呢？

（二）违约不影响申请司法解除

为破解该困境，《民法典》第五百八十条第二款规定，"有前款规定的除外情形之一，致使不能实现合同目的，法院或仲裁机构可以根据当事人的请求终止合同权利义务关系，但是不影响违约责任的承担"。这就是"打破合同僵局"条款（以下简称"打破僵局"条款）。现在我们先来看"打破僵局"条款的适用条件，有三个：①对方当事人不能请求违约方继续履行；②致使不能实现合同目的；③当事人提出请求。先看第一个条件，哪些债务性质不适宜继续履行呢，我们结合"打破僵局"条款的第一款（见图18），具体看有哪几种类型。

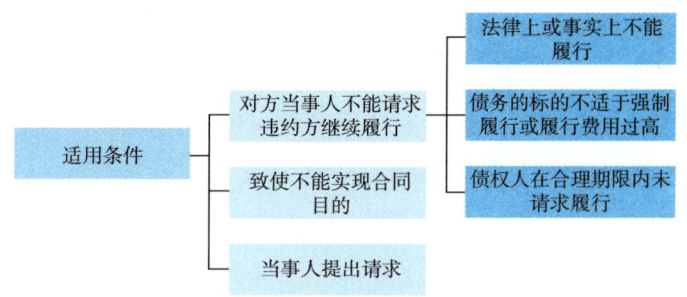

图 18　不适宜继续履行的三种情形

从图中可以清晰看出，不适宜继续履行的情况有三种类型。"刚才的债务性质属于第二种！"答得很对！其他两类也好理解，主要说一下什么叫"法律上不能履行"，例如，一房二卖，两份买卖合同都合法有效，出卖方已经把房子交付并过户给了其中一个买受人，另一个买受人就只能请求出卖方承担违约责任而不能要求继续履行，因为继续履行存在法律障碍。第二个适用条件，不能请求继续履行的程度要达到天花板，天花板是什么，就是无法实现合同目的。第三个适用条件，当事人提出请求。把这句话扩充完整就是当事人（守约方或违约方）均可以向法院或仲裁机构提出申请解除陷入僵局的合同，法律上叫做申请司法解除。相信不少朋友对这个条款有疑问，现在就来答疑。

第一个问题，违约方为什么可以申请司法解除？各位是不是觉得违约方既然不享有合同解除权，那么即使违约方申请法院解除合同，法院对其诉讼也不应受理。之所以有这个理解，主要是混淆了实体权利和程序权利。我们前面说过，解除权是形成权，是当事人依自己单方的意思表示就可以使合同解除的实体权利；而违约方向法院申请解除合同，属于程序上的行使诉权，只要符合起诉条件，法院就应当受理，与起诉的当事人是守约方或违约方没有关系。另外，违约方仅享有申请权，至于是否请如所愿，需法院或仲裁机构根据实际情况进行综合认定。

第二个问题，第五百八十条第二款所说的"终止"是指解除合同吗？笔者的理解就是解除合同。终止是解除的上位概念，也就是说，有很多种情况都可以使合同权利义务终止，比如债务履行、债务相互抵销、免除债务，解除只是导致合同终止的情形之一。但"合同僵局"条款所称的"终止合同"仅指合同解除。

第三个问题，守约方仍享有法定或约定的解除权吗？当然享有，申请司法解除权不影响法定或约定解除权。

（三）司法解除权的具体适用

根据"打破僵局"条款规定，对于当事人的申请司法解除权，法院或仲裁机构可以根据当事人的请求终止合同权利义务关系，至于是否终止合同，人民法院或者仲裁机构有权结合案件的实际情况，根据诚信和公平原则作出决定。法律这么规定主要基于四点理由：其一，该类合同的履行已陷入僵局，表明此类合同继续存在意义已不大；其二，我们平时常说不要"得理不饶人"，这个道理在法律上也是一样的，违约方违约，但同时现行法律也给了守约方足够的救济途径，解除合同、违约金请求权、违约损害赔偿请求权，这些救济渠道足以使守约方的损失得到弥补。但如果守约方一意孤行，怠于行使解除权，违背诚信原则，法律无须对其过于迁就。其三，从整个社会经济运行着眼，不如终止名存实亡的合同，这样不仅可以解脱双方当事人，让其重新轻装上阵，而且还能让整体经济运行"活"起来，为社会创造更大的财富，更符合公平正义；其四，同时，为避免违约方利用社会的善、法律的善，违约方须不存在恶意违约情形。

回到案例 26。分析完合同僵局的问题，答案应该非常清晰，即使乙不行使合同解除权，甲也有权向法院申请司法解除。法院如果判决终止合同，则甲无须继续履行合同，但须支付相应的违约金，具体的违约金额由法院根据诚信和公平原则，并结合案件实际情况确定。

> 有时厘清了守约方损失产生的原因，合同问题也就迎刃而解。

二十七、合同因违约解除，能否适用违约金条款？

【案例27】

2021年1月20日，甲（房主）与乙（承包人）签订《房屋装修协议》（以下简称《装修协议》）。双方约定甲将其名下的一套房屋交由乙装饰装修，约定包工包料，工程造价10万元，工期3个月；如乙增加额外收费或停工罢工产生违约行为，应向甲赔付违约金1万元。装修过程中，乙提出费用不够，要求增加费用且实际停工长达数月。因双方未能形成一致意见，甲向法院提起诉讼，请求解除案涉装修协议并要求乙按约支付1万元违约金。乙认为合同解除则不存在违约金。试问，乙要支付违约金吗？

【新规】

第五百六十六条第二款 合同因违约解除的，解除权人可以请求违约方承担违约责任，但是当事人另有约定的除外。

【以案释法】

本则案例涉及的焦点问题是合同因违约解除是否还须承担违约责任。

（一）根本违约与损害赔偿

先问大家一个问题：假设现在有个楼盘行情看涨，开发商一房二卖，两个购房人就同一套房屋，都与开发商签订了合法有效的《房屋买卖合同》，现房屋已交付其中一个购房人且已办理了房屋过户手续；另一个购房人能否以根本违约（指违约行为致使不能实现合同目的）为由，解除购房合同的同时，要求开发商按违约金条款支付违约金。

有朋友说："不知道法律怎么规定，反正我是觉得要支付违约金。第二个购房人解除购房合同，完全是无奈之举，错不在他！开发商违约还不需要承担违约责任，这不是变相地鼓励违约！"

这个朋友根据他朴素的价值观，得出违约的开发商即使在合同解除情况下，仍要承担违约责任。事实上，法律也是这么规定的。

（二）合同因违约解除可并存适用违约金条款

《民法典》第五百六十六条第二款规定："合同因违约解除的，解除权人可以请求违约方承担违约责任，但是当事人另有约定的除外。"

根据该条款的规定，合同因违约解除，违约条款不因合同解除而失效，违约条款还具有法律效力。哪些属于违约条款呢？比如违约金条款，或者违约产生的损失额计算方法，这些都是违约条款。需要注意的是，适用这些违约条款，必须是合同因违约而解除。法律这么规定主要有以下两方面原因：

一方面，合同解除并不妨碍守约方请求损害赔偿。因为损害赔偿（或者说违约金条款），所针对的都是合同解除之前，违约方的违约行为已经给守约方所造成的损失（如一房二卖，在守约方解除合同之前，开发商的行为已经给守约方造成房屋价格上涨的损失），而并非因合同解除这个行为产生的损失。

另一方面是基于对比原则。当事人就迟延履行约定违约金，违约方支付违约金后，还要继续履行债务。因违约而解除合同，其违约程度显然要重于前者，既然前者都尚须支付违约金且继续履行债务，那对于违约程度更为严重的后者，又有什么理由在因不能实现合同目的而解除合同的情况下免除违约责任的承担呢？

实践中还有这么一种情形，当事人一方根本违约，但当事人之间关系比较好，守约方对违约方的行为也比较谅解。双方约定：虽然你违约了，但我也明白你的难处，就不追究你的违约责任，双方协商一致解除合同。此时，根据意思自治原则不再适用违约金条款。

（三）法律的具体适用

回到案例27。通过案例解读法律的具体适用。

第一，判断案涉装修合同是否因违约而解除。当事人一方迟延履行债务或者有其他违约行为致使不能实现合同目的，当事人可以解除合同。法律上称之为法定解除权。该案中，甲乙双方签订的《装修协议》，明确约定包工包料，工程造价10万元。乙在没有增加任何工程的情况下，提出装修费用不够，要求增加费用，并在该要求未得到满足情况下擅自停工数月，且与当事人未能形成一致意见。在此情形下，法院认为乙的违约行为致使不能实现合同目的，判决解除甲乙双方签订的《装修协议》。

第二，合同因违约解除，能否继续适用违约金条款。如前所述，合同因违约解除，守约方可直接适用违约金条款。该案中，双方约定如乙增加额外收费或停工罢工产生违约行为，应向甲赔付违约金1万元。因而，该案可适用违约金条款。

第三，过高的违约金是否可以调整。乙说："我确实是违约了，对于停工损失、闲置损失费，我愿意赔偿。对于这部分损失或者再多赔一点，我都愿意，但现在一万元的违约金远远超出实际损失了，能不能适当调低一点啊？"这是可以的，违约金有个司法酌减功能（相对应的，还有个司法酌增功能），意思是如果约定的违约金真的过分高于造成的损失，法院或者仲裁机构可以根据当事人的请求予以适当减少。该案中，法院也是结合具体的实际情况，将违约金数额进行了酌减调整。

> 很多时候，合同纠纷按朴素的价值观判断的结论，与法律规定的内容近乎一致。

二十八、混合过错，是否可以减少违约方的损失赔偿额？

【案例28】

2018年11月，甲（定作人）与乙（承揽人）签订《承揽合同》，约定乙为甲安装铁艺护栏，材料由甲提供。护栏安装完毕不久产生了大面积的锈蚀问题。经检验，出现锈蚀的原因除了乙交付的工作成果不符合质量要求外，甲自购的材料铁艺护栏质量也存在缺陷。甲要求乙承担违约责任，乙同意支付违约金，但认为甲亦有过错，要求减少违约金数额。试问，乙能否主张扣减相应的损失赔偿额？

【新规】

第五百九十二条第二款　当事人一方违约造成对方损失，对方对损失的发生有过错的，可以减少相应的损失赔偿额。

【以案释法】

本案涉及的争议焦点是混合过错能否减免违约方的损失赔偿额。

（一）认识混合过错

混合过错是指仅发生一个损害，但造成这个损害的，除了一方违约造成的损失外，对方对损失的发生也有过错。比如，张三向李四购置了一辆汽车，张三超载驾驶,由于轮胎爆裂而导致翻车。交通事故处理认为汽车质量不合格是造成翻车的主要原因,同时,张三超载行使也是造成事故的原因之一。这就是典型的混合过错。

(二)混合过错过失可相抵

接下来问大家一个问题,混合过错,能否减免违约方的损失赔偿额呢?有朋友毫不犹豫地说:"当然可以!"笔者也这么认为,既公平,又免去了相互赔偿的麻烦。对此,《民法典》第五百九十二条第二款规定,"当事人一方违约造成对方损失,对方对损失的发生有过错的,可以减少相应的损失赔偿额"。根据该条款规定,违约责任中适用过失相抵规则,须符合以下条件(见图19):

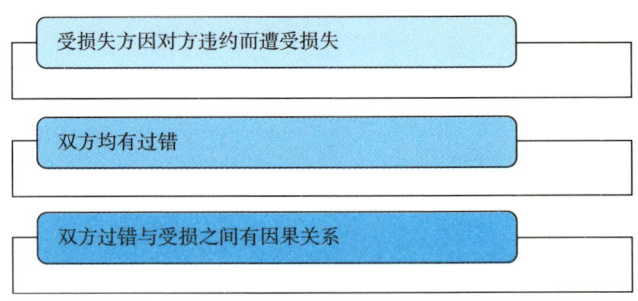

图19 过失相抵适用条件

(三)过失相抵的具体适用

回到案例28。通过案例解读法律的具体适用。

甲和乙之间成立承揽合同法律关系。乙交付的铁艺护栏不符合质量要求,固然应承担违约责任;但甲作为定制人,其自行采购的材料质量存在缺陷,对损失的造成也有过错,根据过失相抵原则,乙支付的违约金数额中,应扣减甲的过错所造成的损失。

> 违约定金,是定金家族最耀眼的星;它的故事,远比世人想象的更为丰富与曲折。

二十九、定金实际支付金额与约定不一致,以哪个为准?

【案例29】

甲因装修房子,一天,到家具市场逛逛。看到乙(商家)展厅的家具款式与家里的装修风格很般配,就仔细挑选了几套,经过一番讨价还价,甲与乙签订《订货合同》,约定购置沙发等家具若干件,总价款20万元,定金8万元。甲当天实际支付2万元。过了二天,乙打电话给甲,让其尽快支付剩余的6万元定金。甲认为定金就是2万元,拒绝支付。试问,甲的定金应是2万元,还是8万元?

【新规】

第五百八十六条 当事人可以约定一方向对方给付定金作为债权的担保。定金合同自实际交付定金时成立。

定金的数额由当事人约定;但是,不得超过主合同标的额的百分之二十,超过部分不产生定金的效力。实际交付的定金数额多于或者少于约定数额的,视为变更约定的定金数额。

【以案释法】

本则案例涉及的焦点问题是定金数额认定方法。

（一）认识定金合同

定金合同是金钱担保合同。定金是一个大家族，有不同种类的定金，其中最耀眼、最为我们熟知的，就是今天所说的违约定金。如果你对违约定金觉得陌生，那么要了解下定金罚则，定金罚则说的是债务人违约致使不能实现合同目的时，给付定金一方无权请求返还定金，收受定金一方双倍返还定金。定金罚则是违约定金的最重要功能。

不论是违约定金，还是定金罚则，关键是这个"定"字，千万别写错了，否则，差之毫厘，失之千里。你以为签订的是起金钱担保作用的定金合同，实际上很有可能只是一个押金合同！给大家举个例子。工作或日常生活中，经常有当事人或朋友来找我咨询，说自己交了 ding 金，但现在对方违约不履行合同，却只是退回了 ding 金，不同意双倍返还。我把证据资料一看，这么处理还真没啥问题，原来他们交的是"订"金而非"定"金。

又有朋友说了，我们也不经常写合同，有没有什么办法写合同的时候不要写错。还真有办法！你想一想，安定，确定，必定，搞定，肯定，都是这个"定"字，这个"定"是指定下来之后，就一诺千金，不能再乱改乱动，明白这个道理，一般就不会写错。而订金，日常生活中运用率虽然也很高，但它仅是一个习惯用语，不是法律概念，不具有担保功能，实务中通常作为预付款来处理。交易成功，订金作为预付款，交易没有成功，返还即可。

（二）定金不得超出主合同标的额 20%

接下来我们要明确，定金由当事人约定，那么具体数额有没有上限，还是当事人同意就可以？根据《民法典》第五百八十六条第二款第一句规定，定金数额不得超过主合同标的额的百分之二十，超过部分不产生定金的效力。可见，对定金数额法律是有上限规定的，其上限是不超过主合同标的额的 20%。

回到案例 29。主合同是《订货合同》，主合同标的额是 20 万元，则法律规定的定金上限为 20 万 ×20%=4 万元，而《订货合同》约定"定金 8 万元"，明显超出法律允许的定金上限，超出部分不具有定金效力。

（三）定金数额以实际支付为准

接下来的问题是，如果法律允许的定金数额与当事人实际支付的定金数额不一致，以哪个为准呢？我们看一下《民法典》第五百八十六条，这个条款共有二款，把这两款的最后一句结合起来看，一句是"定金合同自实际交付定金时成立"，另一句是"实际交付的定金数额多于或者少于约定数额的，视为变更约定的定金数额"。这二句什么意思呢？

这二句话，结合起来看，表达两个意思。第一个是定金合同是要物合同。什么是要物合同呢？我们前面分析过要物合同除了意思表示一致以外，还要交付标的物，合同才成立（一般的合同意思表示一致就成立，法律上称之为诺成合同）。第二个意思是，定金数额以实际交付的为准。既然定金合同是要物合同，那么实际交付的数额如果与定金合同约定不一致，显然以实际交付的定金数额为准，因为没有交付定金之前，定金合同尚未成立。

继续回到本案，现在答案已呼之欲出。根据法律规定，案涉合同的定金上限是4万元，甲实际支付2万元，所以，该合同甲的定金数额就是2万元。

> 定金相较于违约金，就弥补损失的功能而言，不仅先天不足，也缺乏违约金所具有的弹性功能。

三十、适用定金条款，超出定金部分损失是否要赔偿？

【案例30】

甲（买家）与乙（卖家）于2016年10月签订《房地产买卖合同》，约定乙将其名下的一套商品房出售给甲，房屋成交价为90万元，付款方式为签订合同当天支付购房定金8万元，过户当日支付剩余房款。合同签订后，甲按约支付了定金8万元。合同履行过程中，因房价上涨，乙违约将案涉房屋以115万元的价格出售给不知情的第三人，并办理了房屋过户登记手续。对乙的违约行为所造成的房屋价格上涨损失，甲除了主张双倍返还定金，还请求赔偿超过定金部分的损失。乙则认为既然适用定金条款，只须双倍返还定金无须再额外赔偿。试问，乙对超出定金部分的损失需要赔偿吗？

【新规】

第五百八十八条第二款　定金不足以弥补一方违约造成的损失的，对方可以请求赔偿超过定金数额的损失。

【以案释法】

本则案例涉及的焦点问题是违约方对超出定金部分损失是否继续承担赔偿责任。

（一）定金弥补损失功能先天不足

违约金和定金（指违约定金），都起着担保债务履行、弥补损失的功能。为了不让守约方因对方的违约行为获得超过其损失的额外利益，法律规定对于同一违约行为，如果同时约定了违约金条款和定金条款，只能择其一适用。违约金和定金虽具有功能上的互通性，但二者的实践境遇完全不同。

违约金可真称得上是含着金钥匙出生的。我们想想看，约定违约金时，是不是既可以直接约定违约金的数额，也可以约定因违约产生的损失赔偿额计算方法。更关键的是，约定的违约金数额可以预估足够的，只要不是远高于造成的损失，法律都是允许的。违约金的优越性远不止这些，更让定金艳羡不已的是违约金所具有的司法酌增功能。什么意思？就是约定的违约金还是不够弥补损失，没关系，只要当事人提出请求，法院或仲裁机构经过调查认为情况属实，大笔一挥，不足部分再给补足。这个就是法律上的司法酌增功能（具体表述是"约定的违约金低于造成的损失，人民法院或者仲裁机构可以根据当事人的请求予以增加"）。

相较于违约金，定金弥补损失的功能显然先天不足。定金的上限，不得超过主合同标的额的20%。可以自行约定数额的违约金，约定的数额尚有可能不足以弥补损失，更何况这个划有不得超过主合同标的额20%红线的定金呢！而且定金也不像违约金，其自身并没有修复功能（没有类似于违约金那样的司法酌增功能）。

（二）违约方应赔偿超过定金部分损失

关键时刻，民法这个睿智的慈母发话了："这哪行啊！违约金和定金都起着弥补损失的功能，我们又规定违约金和定金只能择其一适用，既然如此，不管当事人选择违约金条款还是定金条款，弥补损失这个功能都是要实现的。违约金和定金内部构造不同，定金没有司法酌增功能。如果当事人选择适用定金条款，对超过定金部分的损失，就直接规定违约方继续赔偿吧，最起码的公正还是要保障的！"据此，《民法典》第五百八十八条第二款规定："定金不足以弥补一方违约造成的损失的，对方可以请求赔偿超过定金数额的损失。"换句话说，对于违约方因违约行为所造成的损失，定金能够弥补该部分损失,则以定金为限;定金不足以弥补,对超出定金部分的损失,违约方仍应赔偿。

(三)赔偿损失额的认定

违约行为造成的损失是否包括合同履行后可以获得的利益?这个要区分不同情况。如果这个利益在订立合同时违约方就可以预见或应当预见,则损失赔偿额包括合同履行后可以获得的利益,反之则否。

回到案例30。通过案例解读法律的具体适用。我们具体看一下,案涉房屋因房屋价格上涨而导致的房屋差价损失是否属于乙的违约行为所造成的损失。如果甲乙正常履行房屋买卖合同,则案涉房屋价格上涨的利益属于买受人甲于合同履行后可获得的利益,且对于这个利益,出卖人乙在订约时就可以预见到,因而,乙的违约损失赔偿额应包括案涉房屋的差价损失。据此,乙的违约行为给甲造成的损失应为:1 150 000-900 000=250 000元。由于定金罚则的8万元不足以弥补甲的损失,对于超出定金部分的损失170 000元(250 000-80 000),乙仍须承担赔偿责任。

> 很多时候,需要一双火眼金睛,辨别基础概念,尤其是在我们自以为是地认为对它们已经非常熟知的时候。

三十一、主合同解除,从合同的担保责任还要承担吗?

【案例31】

2019年初,甲(贷款人)与乙(借款人)签订《个人额度借款合同》(以下简称《借款合同》),约定甲借贷给乙25万元,借款期限36个月,并约定了每月应归还的借款本息,乙有任何一期违约,甲有权提前解除合同,要求乙立即偿还本合同项下所有到期及未到期债务本息。甲与丙(担保人)签订了《抵押合同》,丙自愿以其名下的房屋为上述借款提供担保,并办理了房屋抵押登记。2020年初,乙未按约归还借款,甲依法解除上述《借款合同》,并要求乙归还所欠本息等共计20万元,丙承担担保责任。丙以主合同已解除拒绝承担。试问,主合同解除后,丙还要承担担保责任吗?

【新规】

<u>第五百六十六条第三款　主合同解除后,担保人对债务人应当承担的民事责任仍应当承担担保责任,但是担保合同另有约定的除外。</u>

【以案释法】

本则案例涉及的焦点问题是担保人对主合同解除后产生的债务是否继续承担担保责任。

（一）主合同解除不影响担保责任承担

主合同与从合同或者主权利与从权利，它们的关系在之前的三重境界分析后，相信大家都已经了然于心了。今天要解决的问题是主合同解除，担保合同又该怎样呢？秉持"一图在手，万事不愁"的理念，我们继续看图（见图20），便于更直观地了解。

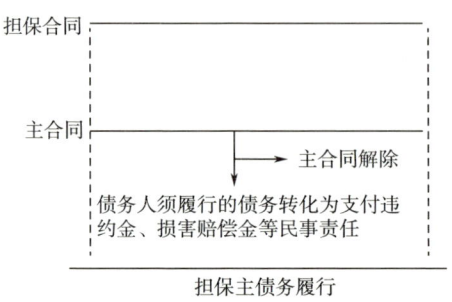

图20 担保合同的担保责任范围

担保合同是担保主债务的履行，那两条虚线就是担保范围，包括主债权及其利息、违约金、损害赔偿金等。主合同解除，债务人只是不用履行主债务，并非无须承担任何债务。主合同解除，债务人须履行的债务就转化为包括支付违约金、损害赔偿金等民事责任。这些转化的债务都仍在原担保的这些虚线范围之内，只不过是换了个形式存在。因而，担保人所要承担的担保责任并不因合同解除而免除。对此，《民法典》第五百六十六条第三款也明确规定，"主合同解除后，担保人对债务人应当承担的民事责任仍应当承担担保责任，但是担保合同另有约定的除外"。

回到案例31。主合同是《借款合同》，从合同是《抵押合同》，抵押合同担保的是《借款合同》中25万元借款本息的清偿，因乙未按约归还借款，甲依法解除了案涉《借款合同》，此时乙须履行的债务已转化为归还本息等共计20万元，该债务仍在原担保范围内，因而，丙仍应对该债务承担担保责任。

（二）当事人对担保责任另有约定除外

再假设，如果《担保合同》明确约定，担保责任随主合同解除而免除或变更担保范围，这样的约定有效吗？有效！基于自愿、意思自治原则，法律承认这种约定的效力，这其实就是刚才所说的《民法典》第五百六十六条第三款"但书"条款，即"担保合同另有约定除外"的应有之义。

> 对合同条款的理解发生争议，合同解释的关键是探究当事人订立合同时的真实意思表示。

三十二、对合同条款理解有争议，争议条款如何解释？

【案例32】

2013年1月4日，甲出借给乙300万元，并约定了年息。2016年4月14日，甲乙签订《还款协议》一份，写明："甲借贷给乙的300万元，现因乙被案外人丙某某诈骗无法归还，但乙本着守信原则，尽最大努力筹款还款，经协商，双方达成以下还款协议：①甲自愿放弃利息；②乙以一套220万元的房屋过户给甲直接折抵同等借款金额；③剩余80万元待丙的诈骗案结案后清偿款中按比例归还。"因乙事后既未归还借款也未过户房屋给甲，甲向法院起诉，要求乙归还300万元借款。乙认为协议约定隐含"归还剩余款项的资金来源就是丙的追缴退赔款，有就清偿，没有就不清偿"。试问，诈骗钱款如未追回，剩余80万元还要归还给甲吗？

【新规】

第四百六十六条第一款　当事人对合同条款的理解有争议的，应当依据本法第一百四十二条第一款的规定，确定争议条款的含义。

第一百四十二条第一款　有相对人的意思表示的解释，应当按照所使用的词句，结合相关条款、行为的性质和目的、习惯以及诚信原则，确定意思表示的含义。

下篇 合同的新常识

【以案释法】

本案涉及的争议焦点是合同条款理解发生争议时合同解释的方法。

（一）认识引致条款

合同的新常识编排的体例都是一案一法条，这个新常识破天荒出现了两个法条，两个法条各有其功能：第一个法条称为引致条款，第二个法条才是真正的主条款。引致条款如何使用呢？比如对合同条款理解有争议的，对于争议条款如何解释，合同编没有具体规定，但给指了一条道（第四百六十六条第一款），这个道就是引致条款，再循着这条道，找到第一百四十二条第一款，这才是关于合同争议条款解释的规定。

（二）争议条款的解释规则

合同履行过程中，对合同条款的理解发生争议是司空见惯的，比如两家公司签订了一份租赁合同，租赁合同有一条约定："租赁期间，因政府或出租方统一规划，需占用此地，除土地外由政府或出租方赔偿给承租方建造的房屋价值。具体赔偿金额由政府或出租方按照《建筑法》《会计法》之规定与承租方协商。"对该约定中"建造的房屋价值，"出租方认为指房屋建造价值，而承租方则认为是指拆迁时房屋重置的建造价值。

疑义产生之后，如何对争议条款进行解释，则需要根据《民法典》第一百四十二条第一款规定的"当事人对合同条款的理解有争议的，应当按照所使用的词句，结合相关条款、行为的性质和目的、习惯以及诚信原则，确定意思表示的含义"。

另外要注意的是，这里所说的合同解释，是专指受理合同纠纷的法院和仲裁机构的解释，只有这些解释才可以直接确定当事人的权利义务，且以解决合同纠纷为目的；而其他的解释，仅能作为法官或仲裁员的参考依据，并不直接产生权利义务。

（三）法律的具体适用

回到案例 32。通过案例解读法律的具体适用。当事人对条款的理解争议在于还款协议第三条"剩余 80 万元待丙诈骗案结案后清偿款中按比例归还"。当事人根据所使用的词句进行的解释，双方出现了严重的分歧。甲（出借人）认为，借款没有约定还款期限，则借款人随时可以返还，因而要求乙立即返还 80 万元；而乙则认定借条中隐含"归还剩余款项的资金来源就是丙的追缴退赔款，有就清偿，没有就不清偿，现在没有款项追回，就不需要还了"。

法院认为，对案涉争议条款的解释不能是孤立的，而应兼顾合同整体条款和当事人的订约目的。从还款协议整体来看，还款协议先是约定甲放弃 300 万元借款的利息，然后是乙对归还借款做出具体安排。在出借人已经放弃利息的前提下，若再进一步将第三条解释为附条件还款，还款条件不成就则借款人再也无须还款，势必将乙因丙诈骗产生的损失转嫁至甲，违背双方签订还款协议做出还款安排的订约目的，也不符合一般社会大众所理解的公平理念。更何况，乙在签订还款协议后并未按照协议的约定"配合办理相关权证过户手续"，导致甲无法取得抵债房屋的所有权，致使还款协议约定的以房抵债目的根本上无法实现。甲合法权益受到损害，在此情形下甲亦有权解除还款协议并依据原借款合同向乙主张归还全部借款。

另外，权利人放弃权利必须采取明示的方式。根据法律规定行为人可以明示或者默示作出意思表示。沉默只有在有法律规定、当事人约定或者符合当事人之间的交易习惯时，才可以视为意思表示。因民事权利的放弃对权利人产生重大影响，应当采取明示的意思表示才能发生法律效力，不能在无明确法律规定或者无特别约定的情况下，推定当事人对权利进行放弃。案涉还款协议就剩余 80 万元的归还约定仅是关于余款还款期限的约定，并不能反向推定如果丙诈骗案中乙没有获得清偿款则甲放弃主张剩余 80 万元借款权利的意思表示。

通过上述分析，即使乙未能从丙的诈骗案中追回款项，仍应向甲清偿 80 万元借款。

> "不以恶小而为之。"网络刷单造成的后果,不仅在于劣币驱逐良币,更可能让整个社会信用体系开始分崩离析。

三十三、未完成刷单流量而结欠下的款项,是否需要归还?

【案例33】

2020年6月至2021年2月期间,甲在百灵鸟平台注册歌厅房间,该注册的歌厅由进入的听众点歌产生流量,平台按点击量给甲报酬。甲为提高其歌厅人气,获取平台奖励,与乙通过微信达成口头服务合作协议,约定:甲每支付乙1万元,乙要为甲制造6万的流量,超过6万部分的流量归乙所有。甲先后共向乙支付2万元,并将其在平台注册的账号交由乙操作。乙通过打赏甲注册歌厅的主播、砸金蛋等方式尽可能制造流量。因乙未完成双方约定的流量,2021年3月,甲要求乙向其出具借条。同日,乙通过微信向甲发送了一份借条,内容为"今欠合作流量折合人民币5万元,于2021年4月底前全部归还。如若逾期未还,愿承担相关法律责任"。乙未归还该款项。甲向法院提起诉讼,要求乙归还5万元。试问,该笔款项要归还吗?

【新规】

第五百零八条 本编对合同的效力没有规定的,适用本法第一编第六章的有关规定。

第一百五十三条第二款 违背公序良俗的民事法律行为无效。

【以案释法】

本则案例涉及的焦点问题是违背公序良俗的法律行为效力。

（一）认识不确定概念

所谓公序良俗，是公共秩序和善良习俗的简称。这是一个不确定的法律概念。民法上的不确定概念，其他比如重大误解、显失公平、合理期限，概括条款（仅就原则的概况规定）如诚信原则、公平原则。关于不确定概念的功能和法律适用，杨仁寿先生在其所著《法学方法论》中分析得特别好，笔者每次看到这里都会赞叹不已。内容不多，现摘录如下，与大家共享：不确定概念，"其主要功能，在于使法院能适应社会经济及伦理道德价值观念之变迁，而使法律能与时俱进，以实践其规范功能。……

人类并不是为规范而规范，规范本身并非人类追求的目标，而是利用规范追求公平正义，因此必须予以价值补充，始克实现此项伦理的要求。法官将不确定的法律概念具体化，并非为同类案件确定一个具体的标准，而是应case by case，随各个具体案件，依照法律的精神、立法目的、针对社会的情形和需要予以具体化，以求实质的公平和妥当。因之，法官于具体化时，须将理由述说明确，而且切莫引用他例，以为判断之基准"。

（二）违背公序良俗的合约无效

明白了何为不确定概念，再与大家分享莎士比亚的名剧《威尼斯商人》中"割一磅肉"合约的故事。

合约的当事人是两名威尼斯富商，一个是安东尼奥，善良宽厚，珍惜友情，却又缺乏斗争的经验；另一个是夏洛克，一毛不拔，平时放高利贷。安东尼奥的好朋友巴萨尼奥，要向美丽又机智的女郎鲍西娅求婚，向安东尼奥借贷三千块金币。安东尼奥身边无余钱，只得以其尚未回港的商船为抵押品，向夏洛克借三千块金币。夏洛克因为安东尼奥借给别人钱不要利息，影响了自己的高利贷生意，加之自己又受到过安东尼奥的羞辱而耿耿于怀，见安东尼奥向自己借钱，便设下圈套。夏洛克告诉安东尼奥自己可以借钱给他，不要利息，也不要他的商船，如果到期不能归还，代价是割安东尼奥身上的一磅肉。安东尼奥答应了，与夏洛克签订了合约。

而巴萨尼奥收到三千元金币，欢天喜地到鲍西亚家求亲，因为发生了一个意外事件，匆匆结了婚。原来，他们收到安东尼奥写的一封信，信中说明他的商船行踪不明，他立刻就要遭到夏洛克索取一磅肉的噩运，因割下这一磅肉可能会导致他的性命不保，所以他希望见巴萨尼奥最后一面……听到这个消息，巴萨尼奥与鲍西亚赶紧奔回威尼斯，鲍西娅化装成男人，以律师顾问的身份审理此案。

法庭上，聪明的鲍西娅答应夏洛克可以割取安东尼奥的一磅肉，但是，合约上只写了一磅肉，夏洛克就只能割一磅，既不能多一两，也不能少一两，更不能流下一滴血。如果违反，就要用夏洛克的性命及财产来补赎。此时，夏洛克放弃割一磅肉的请求，改为要求安东尼奥归还三千元金币。法庭认为夏洛克的行为已构成谋害威尼斯市民，根据威尼斯法律，宣判夏洛克的财产半数充公，半数赔给安东尼奥。

故事跌宕起伏，人物栩栩如生。机智的鲍西亚紧紧围绕"割一磅肉"的约定，惩治了夏洛克，伸张了正义。但"割一磅肉"的合约放到今天，根本就没有什么后续故事。为什么呢？根据《民法典》第一百五十三条第二款规定，"违背公序良俗的民事法律行为无效"，而"割一磅肉"是典型的违背公序良俗的行为，因此安东尼奥与夏洛克签订的"割一磅肉"的合约不具有法律效力。

本小节又有之前说过的引致条款。本小节内容，也极少见地出现了两个法条，其中第五百零八条"本编对合同的效力没有规定的，适用本法第一编第六章的有关规定"，这个引致条款，引导我们到《民法典》第一编第六章《民事法律行为》的第三节，找到了要分析的主法条，也就是第一百五十三条第二款规定的"违背公序良俗的民事法律行为无效"。

（三）法律的具体适用

回到案例33。通过案例解读法律的具体适用。

甲与乙通过微信达成网络服务合同，双方约定甲每支付乙1万元，乙要为甲制造6万的流量。乙未完成刷单流量而向甲出具借条，借条上载明的欠款 5 万元，实际就是乙为甲刷单结欠的流量所折合的人民币。乙是否要归还该 5 万元，涉及网络刷单服务合同效力的认定。

网络产品的真实流量能反映出网络产品的受欢迎程度及其质量的优劣，流量成为网络用户是否选择该网络产品的重要参考因素。甲委托乙制造流量的目的，一是为了提高百灵鸟歌厅房间的人气，吸引网络用户进入该房间点歌；二是为了获得平台的奖励。双方当事人所进行的是具有明显欺诈性质的"暗刷流量"磋商交易行为。该行为一方面破坏了正当的市场竞争秩序，违反商业道德底线使得同业竞争者的诚实劳动价值被减损，侵害了不特定市场竞争者的利益；另一方面会欺骗、误导网络用户选择与其预期不相符的网络产品。这种行为一旦蔓延开来，久而久之，不仅网络上会产生"劣币驱逐良币"，更糟糕的是，会使网络用户对网络产品或网络服务失去信心，进而造成整个社会的信任体系坍塌，诚信荡然无存。刷单行为最终损害的是公共利益和诚信的风俗，刷单行为违背了公序良俗，而违反公序良俗的行为无效，所以案涉网络服务合同是无效合同。

无效的合同自始无效。双方当事人不得基于合意行为获取其所期待的合同利益。甲乙双方当事人为了牟取不正当利益制造虚假流量，如果以返还方式进行无效合同的处理，无异于纵容当事人通过非法行为获益。因而，对于甲要求乙归还 5 万元款项的主张，法院不予支持。

> 法律是不断完善的，是兼容并蓄的。当百姓的认知与法律的规定不一致的时候，需要更为细致的阐释理由。

三十四、出卖他人的八仙桌，买卖合同有效吗？

【案例34】

甲与乙是朋友。有一天，甲在乙的院子里发现一张古朴的八仙桌，甲对此桌非常喜欢。乙说，想要这桌子就成本价10万元卖给你。甲当即与乙签了《买卖合同》，付了全款，并约定如乙违约，要支付违约金1万元。甲与乙约定，第二天一早过来搬桌子，今天先回家腾个地。第二天，甲兴冲冲与搬家公司的人一起来时，发现院子空空如也，八仙桌早已不见踪影。乙告诉甲，八仙桌实际上不是他的，而是丙（乙的哥哥）因为搬家暂时寄存在乙的院里，没想到乙这么不靠谱，丙现在已把八仙桌拿回去了。乙随即把甲前一天交付的10万元还给甲。甲说，"你还得给我1万元违约金呢"。乙说，"这件事确实是我不对。八仙桌不是我的，我也没权力卖，我们签订的《买卖合同》没有法律效力，又哪来的违约金？"试问，乙要支付1万元违约金吗？

【新规】

第五百九十七条　因出卖人未取得处分权致使标的物所有权不能转移的，买受人可以解除合同并请求出卖人承担违约责任。

法律、行政法规禁止或者限制转让的标的物，依照其规定。

【以案释法】

本则案例涉及的焦点问题是无权处分合同的效力。

（一）认识无权处分

问各位一个问题，我把你的一本书卖给了不知情的第三人，买卖合同具有法律效力吗？我相信，有朋友会说不具有效力，因为出卖人对书本没有所有权；也有朋友会说效力待定，就看书的主人对这个买卖合同的效力是否追认，如果追认就有效，不追认就无效。如果告诉你，答案是这个买卖合同是有效的，是不是有朋友觉得不可思议了呢？没关系，为了更好地解答这个问题，先说一说负担行为和处分行为。

负担行为和处分行为是德国人的首创，充分体现了德国人思维的缜密和严谨。我们民法典的一些法条，包括无权处分买卖合同的效力，事实上也是接受了这个理论。

我们仍以购书合同为例。张三把书出卖给李四，我们眼里看到的就是一个买卖书本的行为；在德国人眼里却是两个行为：一个是签订买卖合同的行为，另一个是交付行为（所有权转移）。买卖合同签订以后，张三就负有向李四交付书本的义务，这里所说的"交付书本的义务"，就是所谓的负担行为，负担行为只是负担了义务，并不具有转移所有权的功能。所以，这个时候，出卖人即使对于买卖合同的标的物没有所有权，也不影响买卖合同的效力，因为此时出卖人只是负有"交付书本的义务"，还不需要真正地交付书本。一般说来，负担行为都是合同行为（但不能倒过来说，合同行为都是负担行为，大家可以想一下债权转让）。接下来，到了交付的日子，出卖人需要把书本"交付"给买受人，交付行为（所有权转移）就是所谓的处分行为。"交付"意味着所有权发生变动。这个时候，出卖人必须确保其有处分权。如果出卖人没有处分权，就无法交付标的物，不能交付标的物，出卖人就要根据合同约定承担违约责任。这就是关于买卖合同，德国人眼里看到的两个行为，即负担行为和处分行为。

据此，可以看出，负担行为与处分行为，二者肩负不同的任务：负担行为仅负担义务,负担行为之人不必有处分权;处分行为直接使某种权利发生、变更或消灭,所以要求标的物确定,处分人需有处分权。处分人对标的物无处分权,就构成了无权处分。

(二)无处分权不影响买卖合同效力

明白了处分行为和负担行为的原理,我们再来看一下我国《民法典》关于无权处分合同效力的具体规定。《民法典》第五百九十七条第一款规定,"因出卖人未取得处分权致使标的物所有权不能转移的,买受人可以解除合同并请求出卖人承担违约责任"。重点看"买受人可以解除合同并请求出卖人承担违约责任"这一句话。只有合同有效,才存在违约责任。因而,这一句话反推就是出卖人对出卖的标的物即使没有处分权,双方签订的买卖合同仍然是有效的。根据《民法典》的规定,我们可以看出关于无权处分合同效力的认定,我们国家也是采纳了负担行为和处分行为理论。出卖人未取得处分权,不影响买卖合同的效力,因为买卖合同属于负担行为,负担行为仅负有交付的义务,尚不需要真正的交付,所以买卖合同只要不存在其他无效的情形,就应属于有效合同;等到了真正"交付"的时候,交付需要处分权,出卖人没有处分权致使标的物所有权不能转移的,"买受人可以解除合同并请求出卖人承担违约责任"。大家有没有看出,认定无权处分的合同具有法律效力最大的好处是什么?那就是可以追究出卖人的违约责任。如果认定无权处分人订立的合同未生效或合同无效,就不能追究出卖人的违约责任。

实务中还存在一种情形,仍旧以购书合同为例。张三将其合法占有但不具有处分权的图书出卖给李四,且在所有权人未取回之前,已经交付给了不知情的李四。李四能否取得案涉图书的所有权?我们知道法律上规定了一种非常重要的制度叫善意取得制度。如果李四取得图书符合善意取得的构成条件,则李四取得案涉图书的所有权。书是动产,善意取得须符合三个条件:①受让时是善意的(不知道张三对案涉图书属于无权处分);②以合理的价格转让;③书已经交付。李四符合上述三个条件,即使张三无处分权,李四也基于善意取得制度取得案涉图书的所有权。这个时候,原所有权人的权益如何保护呢?原所有权人有权向无处分权人请求损害赔偿。

所以，法律通过这么一系列制度，充分地保护与平衡各方当事人的利益。

另外，再补充一点，第五百九十七条第二款规定，"法律、行政法规禁止或者限制转让的标的物，依照其规定"。根据该规定，也不是任何无处分权的合同都具有法律效力，比如国家对枪支的买卖实行特别许可制度，未经许可，任何单位和个人不得买卖枪支。

（三）法律的具体适用

回到案例34。通过案例解读法律的具体适用。

甲（买受人）与乙（出卖人）签订《买卖合同》，乙负有向甲交付八仙桌的义务，该负担行为无须转移所有权，因而即使乙对该八仙桌不具有处分权，也不影响《买卖合同》的效力。乙并非所有权人，且丙（实际所有权人）已取回八仙桌，乙因无处分权而无法转移八仙桌的所有权。根据《民法典》第五百九十七条第一款规定，乙须对甲承担违约责任。《买卖合同》约定乙未能交付八仙桌须承担一万元的违约金，现乙违约，甲要求乙按约向其支付1万元违约金，符合法律的规定。

> 法律对于买卖合同约定的检验期限过短的处理,既充分尊重了当事人的意思自治,又解决了实际难题。

三十五、超过约定的检验期限,是否还能提出异议?

【案例35】

甲(油漆供应商)与乙签订《家用漆买卖合同》,为乙所从事的家具来料加工提供家具漆。乙在使用过程中,发现油漆的气味、黄变存在问题,及时向甲提出质量异议。甲认为其送货单明确约定,"购方对质量如有异议,应在收到货物之日起7天内提出异议。否则视为合格产品"。现早已超出货物检验期限,其提供的油漆应视为合格产品。要求乙按约支付货款。乙以质量不合格为由拒付货款。试问,过了检验期限,是否还能提出质量异议?

【新规】

第六百二十二条第一款 当事人约定的检验期限过短,根据标的物的性质和交易习惯,买受人在检验期限内难以完成全面检验的,该期限仅视为买受人对标的物的外观瑕疵提出异议的期限。

【以案释法】

本则案例涉及的焦点问题是合同约定的检验期限过短时应该如何处理。

(一)认识检验期

买卖合同签订后,出卖人交付了标的物,接下来就是买受人对标的物的

— 125 —

检验。如果检查出什么问题，就要在检验期限内及时通知出卖人，超过这个期限就视为标的物的数量或质量符合约定。我们平时网络购物，收到商品后的第一件事也是进行各种检查，数量是否正确，型号是否合适，颜色是否纯正，气味是否正常，物品是否完好，等等。一旦发现问题，立即拍照上传平台，同时点击售后退换货，行云流水，一气呵成。

通常情况下，虽然约定的检验期限非常短，但因为诸如数量、型号、颜色这些外观问题，一眼可以看出，因而也能在约定的检验期限内完成检验；但社会生活中，还有另一种情况，就是有些商品的质量问题不是一查而知，瑕疵比较隐蔽，过短的检验期限根本难以完成检验。在这种情况下，如果也认为过了约定的检验期限即视为质量合格，显然有失公平。

（二）约定的检验期限过短的法律认定

关键时候，睿智的民法慈母发话了："这有何难？瑕疵不是分为外观瑕疵和隐蔽瑕疵吗，那就把这个过短的检验期限视为买受人对标的物提出外观瑕疵的异议期，另外再确定一个合理期作为提出隐蔽瑕疵的合理期。"据此，《民法典》第六百二十二条第一款规定，"当事人约定的检验期限过短，根据标的物的性质和交易习惯，买受人在检验期限内难以完成全面检验的，该期限仅视为买受人对标的物的外观瑕疵提出异议的期限。"适用这个法条时，也要注意平衡双方当事人的利益，判断当事人约定的检验期限是否过短，可从三方面考虑：

第一，根据标的物的性质和交易习惯，综合判断约定的检验期限对于隐蔽瑕疵的检验是否过短。第二，买受人是否存在应通知而未通知的情形。如果买受人在约定的检验期限内已经发现了隐蔽瑕疵却未及时通知，则视为标的物质量符合规定。第三，买受人对不能发现隐蔽瑕疵是否存在过失。

可见，法律规定的关于检验期限过短视为外观瑕疵条款，对于买受人而言，也并非尚方宝剑，买受人还是要依诚信原则及时做好标的物的检验工作。

（三）法律的具体适用

回到案例35。通过案例解读具体的法律适用。

第一，判断双方约定的"油漆检验期限为7天"，对于隐蔽瑕疵的检验是否过短。法院认为油漆气味过大不能通过个人主观判断，油漆黄变亦需要一定时间才能显现，因而认为在7天时间内难以完成全面的检验，因而认定送货单约定的7天检验期应视为对产品数量及外观瑕疵的检验期。

第二，乙提出产品异议是否超过合理期限。法院根据案件的具体情况，如瑕疵的性质、买受人所采取的检验方法和难易程度、买受人所处的具体环境、自身的技能、应尽的合理注意义务、是否尽及时通知义务等，依据诚实信用原则，认定乙提出产品异议并未超过合理期限。

> 分期付款买卖合同，对出卖人设置更为严苛的解除条件，将法律的公正性体现得淋漓尽致。

三十六、购车分期付款，一期未支付就可解约？

【案例36】

2020年12月1日，甲（出卖人）与乙（买受人）签订了一份《汽车分期付款买卖合同》（以下简称《汽车买卖合同》），约定甲将自有的一辆汽车以分期付款买卖的方式转让给乙，转让价为65万元。汽车首付款为15万元，在合同签订当日支付；分期付款共计10期，自2021年1月起，每月1期，每期支付5万元，支付时间为每月5日。解除条款特别约定：乙一旦出现未按约支付购车款的情形，甲有权解除合同并收回车辆，并要求乙支付车辆使用费（按2万元/月）。签订合同当日，乙按约支付了首付款并开走了案涉汽车。2021年2月底，甲未催告，直接以乙拖欠2期购车款违约为由，向其送达《解除合同通知书》，要求乙返还案涉车辆并支付4万元使用费。乙认为双方约定的解除条件与法律规定不符，应为无效，且其正在筹钱，不同意解除购车合同。试问，甲有权解除合同吗？

【新规】

第六百三十四条　分期付款的买受人未支付到期价款的数额达到全部价款的五分之一，经催告后在合理期限内仍未支付到期价款的，出卖人可以请求买受人支付全部价款或者解除合同。

出卖人解除合同的，可以向买受人请求支付该标的物的使用费。

【以案释法】

本则案例涉及的焦点问题是分期付款买卖合同解除条件相较一般合同是否有其特殊规定。

（一）认识分期付款买卖

说到分期付款买卖，相信"剁手党"一定很兴奋，这个我熟悉呀，什么新款手机、电脑、包包、汽车、服装都可以分期付款。这个就没必要认识了！还真不一定。不信？那就问你一个小问题：一个杯子50元，商家说可以分二期支付，每期25元，这个是分期付款买卖吗？有人说"是"，那就错啦！法律上所说的分期付款买卖，至少要分三期支付。现实生活中，分期付款买卖合同，通常会约定交付买卖合同标的物与支付首付款同时进行，那么在支付首付款之后的付款期数，至少要达到二次。所以不论这个杯子价格多么便宜，只要约定的价款支付期数不足3次，就不属于法律上的分期付款买卖。

分期付款买卖之所以流行，与其所具有的功能不无关系。对于出卖人来说，最大好处是提高了商品的出售率；对于买受人来说，只要仅支付部分价款就可以占有、使用标的物（法律上把这个叫作"享有期限利益"），这大大缓解了买受人的资金压力。但同时，这个商业行为模式如果仅设计到这里，出卖人是存在风险的。为了规避自身风险，出卖人通常会在合同中约定，"买受人一旦未按期支付价金，出卖人享有单方合同解除权或要求买受人一并支付全部的未到期价款"。

（二）分期付款买卖合同解除条件

当事人的单方合同解除权约定可不可以呢？关键时刻，民法这个睿智的慈母发话了："分期付款买卖，买受人本身就是弱者，要不然早就一次性付了。现在这样规定，岂不是把合同是否解除、何时解除的主动权都交到出卖人手里了？销路不好的时候，不催不讨，价款几期未按约支付也没关系；销路好了，甚至到了供不应求，只要有一期买受人未按时支付就立即解约。这样的约定，对买受人很不利，但买受人又缺乏相应的谈判能力，如果我们完全放任不管，当事人之间利益过于失衡，也不公正，但我们也不能管得太宽，我们就定一个底线吧。"于是，《民法典》第六百三十四条第一款规定，"分期付款的买受人未支付到期价款的数额达到全部价款的五分之一，经催告后在合理期限内仍未支付到期价款的，出卖人可以请求买受人支付全部价款或者解除合同"。根据该法条规定，出卖人要想解除分期付款买卖合同，需符合以下条件（见图21）：

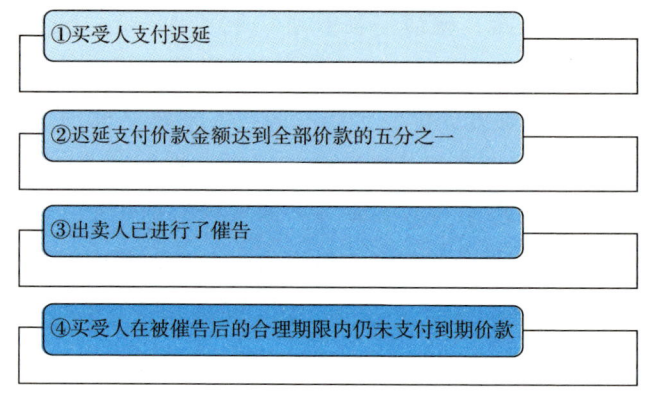

图21　分期付款买卖合同的解除条件

如果当事人关于合同解除条件的约定违反上述规定，且损害买受人利益，这个约定就是无效的。当然，如果当事人的约定违反上述规定，但有利于买受人，如把上述合同解除条件的第二项改为"迟延支付价款达到全部价款的四分之一"，其他条件都不变，这个约定比法律规定的条件对买受人更有利，因而约定是有效的。因为法律之所以规定关于分期付款买卖合同的解除条件，是为了保护处于弱势地位的买受人最基本的利益，既然当事人的约定条件更为优越，当然就高不就低。

回到案例36。通过案例解读法律具体适用。

甲不符合解除案涉《汽车买卖合同》条件。

第一，程序不符合，出卖人从未进行催告。

第二，我们做个数学题，实际算一算，实体条件是否符合。具体计算为：未支付到期价款的数额/全部价款=10/65=15%，即乙未支付到期价款为全部价款的15%，尚未达到法律规定的1/5，因而，甲无权解除合同。

（三）合同解除后买受人已支付价款的处理

为使各位对分期付款买卖合同有更全面了解，继续回到案例 36，假设现在时间回到了 3 月底，乙仍未筹到款项，此时甲依法解除了案涉《汽车买卖合同》，对于乙先前已支付的价款，应如何处理呢？

《民法典》第六百三十四条第二款规定，"出卖人解除合同的，可以向买受人请求支付该标的物的使用费"。该案中，乙支付了 15 万元的价款（首付款），汽车的使用费为 8 万元（双方约定的汽车使用费为每月 2 万元，共使用了 4 个月），汽车也无受损情况，因而，甲在扣除 8 万元的使用费之后，另外 7 万元尚须返还给买受人乙。

> 要小聪明，一不小心就容易搬起石头砸自己的脚。若要人不知，除非己莫为。

三十七、试用人出租试用标的物，就可视为同意购买？

【案例 37】

甲（厂家）在商场张贴告示，"新款山地自行车试用一个月，试用期内无需任何费用"。乙（顾客）刚好路过，就与甲签订了《试用合同》，同时在朋友圈发布消息"短期租赁新款山地自行车，价优"。乙的微信好友丙喜爱户外运动，就租赁了一天。乙在试用期内按时归还了山地车，甲却要求乙购买这辆山地车。乙认为归还日期并未超出试用期拒绝购买。试问，乙要购买这辆试用的山地车吗？

【新规】

第六百三十八条第二款 试用买卖的买受人在试用期内已经支付部分价款或者对标的物实施出卖、出租、设立担保物权等行为的，视为同意购买。

【以案释法】

本则案例涉及的焦点问题是对试用物进行处分的法律性质。

（一）认识试用买卖

所谓"试用买卖合同"，是指出卖人和买受人约定由买受人对标的物进行试用，并由买受人决定是否购买标的物的一种特殊的买卖合同。举一个例子，大家判断一下，买受人是否要购买试用的商品。

假设，商店里有一款试用的扫地机器人，试用期15天。拿回家试用后发现清洁效果很好，没有任何质量问题，就是觉得价格有点小贵。试用期内，必须要购买吗？过了试用期，买受人既没说要购买，也没有说不买。

第一种情形，是否购买完全由你自己决定，质量好也可以不买，只要你在试用期内归还即可。第二种情形，试用期限届满，对是否购买未做表示，视为购买。

通过上面的例子，我们知道买受人在试用期内，对是否购买试用的标的物，完全取决于自己的意愿；同时，买受人如果拒绝购买标的物也要及时做出表示，因为试用期届满，未做表示的就视为同意购买。

（二）出租标的物视为同意购买

接下来我们讨论一个问题，如果买受人拒绝购买试用的商品，也在约定的试用期内退还了商品，但曾在试用期内将试用的商品出租给别人使用，能否认定为视为同意购买？

《民法典》第六百三十八条第二款规定，"试用买卖的买受人在试用期内已经支付部分价款或者对标的物实施出卖、出租、设立担保物权等行为的，视为同意购买"。法律这么规定的原因在于，试用期内标的物的所有权还不属于买受人，试用的目的仅在于了解、检验标的物的品质和性能，因而试用不能超过一定的限度。但是如果在试用期内，买受人做出一些类似要购买的行为，比如支付部分价款，根据经验法则，可以认为买受人是通过支付部分价款的方式来表示其要购买标的物；或者虽未支付价款，但对标的物做出一些处置的行为，如出租、出卖、设立担保物权，这些行为显然超出了试用的范畴，而是已经完全将试用商品当作是自己的财物来处理，因而，在这种情形下，法律也将其认定为视为同意购买。

回到案例37。乙在试用期内，将试用的山地自行车出租，这显然已超出试用的界限，而是将山地自行车当作自有物进行处分获益，其行为视为同意购买，因而，甲有权要求乙购买山地自行车。那么甲是如何知道乙将山地车出租的？"若要人不知，除非己莫为"。

(三)试用买卖合同与保留换货合同

另外,实务中要注意区分试用买卖合同与保留换货合同。所谓保留换货合同,是指约定期限内买受人可以任意调换标的物的合同。

举一个例子。张三与李四签订了简易书架的购买合同。双方约定,在购买后 15 天之内,对书架如果不满意,李四可随意调换。之后,李四因对该书架不满意,决定不购买。张三认为合同已成立,李四仅有调换权而无退货权,而李四认为其与张三签订的是试用买卖合同,购买后 15 天为试用期,现其在试用期内提出不购买,张三无权拒收。

这个合同明确"约定买受人在一定期限内可以调换标的物",因而是保留换货合同而非试用买卖合同,李四享有的仅是调换商品权,而不能退回商品。因而,试用买卖的买受人在签订合同时,要有一双慧眼,须分清试用买卖合同与相近合同的区别。在合同的具体约定上尤其要谨慎,否则一不小心,就有可能将试用合同变为买卖合同了。

> 试用合同的特性，决定了标的物的风险转移时间不同于一般的买卖合同。

三十八、在试用期内商品损坏，该由谁买单？

【案例38】

甲（出卖人）与乙（买受人）于2018年12月12日签订了一份《智能黑板试用合同》，由甲将一套智能黑板给乙试用，试用期限6个月。同时，甲对乙相关人员进行试用培训。试用期间，试用人员严格按培训的方法使用黑板，但刚用二天智能黑板就不能正常使用。乙立即通知甲，称黑板出现故障质量不过关，要求甲迅速取回黑板。甲要求乙对损坏的黑板承担赔偿责任。乙以其并无过错为由拒绝赔偿。试问，乙要对损坏的黑板负赔偿责任吗？

【新规】

第六百四十条　标的物在试用期内毁损、灭失的风险由出卖人承担。

【以案释法】

本则案例涉及的焦点问题是试用期内标的物损坏由谁担责。

（一）风险承担一般规则

买卖合同中标的物的风险，是指合同生效后不可归责于买卖合同双方当事人的事由而致使标的物毁损、灭失所造成的损失，风险负担是指该损失由谁来承担。一般规则具体有两条：法律有明确规定或当事人之间有约定，就按规定或约定。根据意思自治原则，当事人当然可以约定风险承担的具体规定，具体适用的时候，优先适用。如无规定或约定，则标的物交付之前由出卖人承担，交付之后由买受人承担。

（二）试用标的物风险转移规则

举例。汽车销售公司与汽车发烧友小明签订了汽车试用买卖合同，汽车销售公司将一辆新款汽车交付小明试用，有一天下冰雹，使得正在试用的这辆汽车被毁损，由于双方未约定汽车毁损后果由谁负责，双方都认为这个结果应由对方负责。对此，《民法典》第六百四十条明确规定，"标的物在试用期内毁损、灭失的风险由出卖人承担"（见图22）。

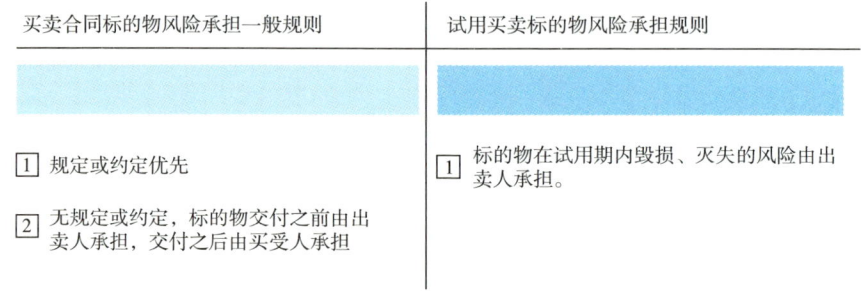

图22　买卖合同与试用买卖风险承担规则对比

为什么买卖合同的标的物，交付之后的风险由买受人承担（无规定或约定情况下），而试用买卖却仍旧由出卖人承担呢？这主要是由于试用买卖合同中的"交付"并非出卖人履行合同约定的交付义务，此时的买受人也不能因此而取得标的物所有权，也不享有收益权，买受人只有试用权，基于权利义务一致原则，此时的买受人也不应承担风险，否则有违公平。还有一个原因，结合市场实践，采用试用买卖合同的场合大多是一个买方市场，买受人本身对是否购买就是模棱两可的态度，如果还让其承担试用期内的风险，交易就更难达成，出卖人希望拓宽市场占有率的目的也就更难达成。因而法律规定，标的物在试用期内毁损、灭失的风险由出卖人承担。

回到案例38。甲与乙之间成立《智能黑板试用合同》。试用期间，智能黑板刚用了两天就不能正常使用，而乙的试用人员是严格按培训的方法使用智能黑板，对智能黑板尽了妥善保管义务，且在智能黑板出现故障之后乙及时告知甲并要求其取回，乙的行为不存在过错，因而，对损坏的黑板乙无须赔偿。

（三）买受人存在过错应担责

如果此黑板是由于乙未尽妥善保管而致智能黑板的显示屏损坏，那么，乙是否需要赔偿损失呢？

乙是要赔偿的。也就是说，试用期间，对于不可归责于买受人的原因而使标的物发生毁损、灭失的风险，买受人无须担责，但因其过错而损坏标的物，并不能免除赔偿责任，这一点尤须加以注意。

> 要放在阳光下公示的,除了权利,还有隐形担保。

三十九、当"所有权保留"碰上"善意取得","物"落谁家?

【案例 39】

2020 年 2 月,甲(出卖人)、乙(买受人)双方签订《买卖挖掘机协议》。协议约定:乙向甲采购 2 台挖掘机,货款以分期付款的方式支付。乙付清货款前,甲保留案涉挖掘机的所有权。协议签订后,甲向乙交付了挖掘机,乙除签约当天支付了首期货款,剩余款项均未支付。甲无奈之下,向法院提起诉讼,请求对挖掘机行使取回权。乙称其已于 2020 年 8 月,将挖掘机出售给案外不知情的第三人丙。另 2021 年 6 月 8 日,诉讼过程中,甲为案涉挖掘机办理了动产担保(所有权保留)登记证明。试问,这 2 台挖掘机,究竟归谁所有?

【新规】

第六百四十一条第二款 出卖人对标的物保留的所有权,未经登记,不得对抗善意第三人。

【以案释法】

本案例涉及的焦点问题是未经登记的"所有权保留"能否对抗善意第三人。

(一)所有权保留具有担保功能

平时上街买东西,通常情况下除了"一手交钱,一手交物"这种常规动作以外，是不是还有这么一种情况，就是出卖人卖的货物价格比较贵，买受人想买但财力不够，出卖人既想做成生意又为了确保货款债权，就与买受人商量，"兄弟，这单货用分期付款的方式，你付个首付后，就先拿去用，但在付清全部价款之前，这个产品的所有权还是我的，等付清全部价款，所有权再属于你，你看行不行？"买受人说，"兄弟，太可以了！我付一部分钱就有使用权了，这就能解燃眉之急。等货款都付清了所有权再归我，你这样安排挺好！"于是一拍即合，二人签了《分期付款买卖合同》，其中约定"买受人未付清全部价款之前，货物所有权属于出卖人"，这个约定就是所谓的"所有权保留"。

"所有权保留"对出卖人有什么好处？买受人一旦不讲信用（有时候可能是真的筹措不到钱），连续几期货款未按时支付，这个时候，出卖人可行使取回权；如果买卖双方就取回权行使没有达成一致，也没关系，出卖人还有一招，其可参照适用担保物权的实现程序申请法院对标的物进行拍卖、变卖以所得价款受偿。所有权保留，虽然形式上不是典型担保物权（典型担保是指法律有明文规定，如抵押权、质权、留置权），但其实质又具有担保价款债权的功效，实效上类似于抵押、质押，因而，法律上把"所有权保留"的性质认定为非典型担保物权。

（二）所有权保留未登记无对抗效力

有朋友在琢磨一个问题："动产抵押，抵押权未经登记，不得对抗善意第三人。'所有权保留'，仅仅是买卖双方在买卖合同中约定，又没有公示，出卖人就享有取回权，难道这个非典型担保物权，比正宗的典型担保物权还厉害吗？"的确，为使担保权利实现程序公开透明，消灭隐形担保（就是未进行公示的担保），《民法典》第六百四十一条第二款规定，"出卖人对标的物保留的所有权，未经登记，不得对抗善意第三人"。

也就是说要想真正发挥"所有权保留"的担保功效，出卖人必须履行登记（公示）义务。未经登记，不具有对抗善意第三人效力。另外，根据目前法律规定，"所有权保留"仅适用于动产，因而，实务中是把所有权保留纳入动产和权利担保统一登记范围。具体登记也不麻烦，统一在中国人民银行征信中心动产融资统一登记公示系统（以下简称"人行征信中心公示系统"）自主办理登记（见图 23）。

图 23　中国人民银行动产融资统一登记公示系统

（三）"所有权保留"不具有溯及力

是不是只要办理了"所有权保留"登记，就万事大吉呢？还真不是，有的时候，登记公示晚了，就与根本没有办理登记的效果是一样的，因为"所有权保留"仅在登记之后才产生对抗效力，不具有溯及力。

回到案例 39。通过案例解读法律的具体适用。

先判断丙能否基于善意取得制度取得案涉挖掘机所有权（见图 2-24）。所谓善意取得制度，简单说，就是出卖物品的人虽然没有处分权，买受人符合一定条件仍然可以取得标的物所有权。丙能否取得挖掘机的所有权，就看是否符合以下三个条件：①受让时是善意的；②以合理的价格转让；③挖掘机已交付。

从下图，可以清晰看到，丙于 2020 年 8 月就已通过善意取得制度取得挖掘机的所有权。

进一步分析：甲于 2021 年 6 月 8 日对案涉挖掘机所有权保留进行了登记，该登记发生于丙已基于善意取得制度取得所有权之后，如前所述，此时的登记不具有对抗善意第三人的效力。因为登记的作用在于动产担保的公示，只有登记以后才具有对抗效力。据此，甲因未及时办理所有权保留登记而丧失了对挖掘机的所有权，案涉挖掘机的所有权属于丙（见图 24）。

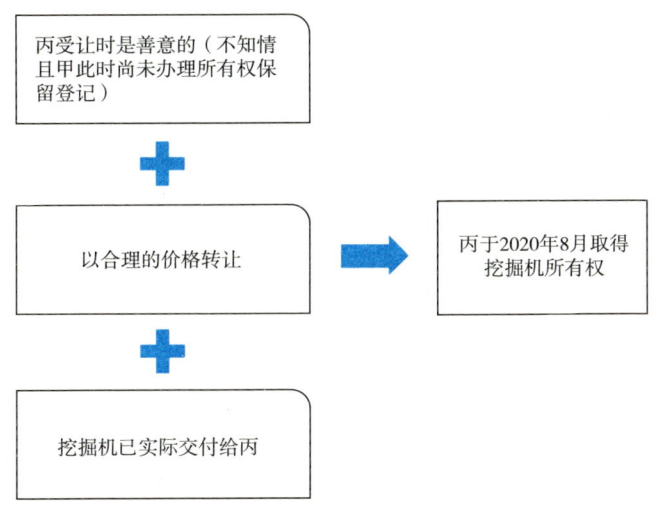

图 24　丙取得案涉挖掘机所有权（善意取得）

为更好地说明问题，现假设（法律需要在不同的对比中发现其中的差别，因此，想象力不仅是诗人的专利，同样是法律人的必备素质），如果甲和乙于 2020 年 2 月签订合同时，甲就同步办理案涉挖掘机所有权保留登记，即使乙之后再将挖掘机出售给丙（2020 年 8 月），丙因不符合善意取得制度中"善意"这个条件（所有权保留登记可以查询，无论丙是否实际知情，均不能认为其是善意）而无法取得所有权。此时，这个经及时登记的"所有权保留"才真正发挥其担保功能，具有对抗第三人的效力。

> 保证合同的责任承担方式再一次说明，连带之债只能是规定或约定，而不能是推定，从而保证了逻辑的连贯性。

四十、保证人在约定不明的情况下，承担一般保证还是连带责任保证？

【案例40】

甲（债权人）与乙（债务人）签订了借款金额为10万元的借款合同。借款期限为1年。丙在借款合同的保证人栏签了名，但未具体约定承担保证责任的形式。借款期限届满，乙未能按期归还借款。甲向法院提起诉讼，请求乙归还借款，丙承担连带责任保证。丙认为其仅承担一般保证。试问，保证方式约定不明，丙应承担何种保证责任？

【新规】

第六百八十六条第二款　当事人在保证合同中对保证方式没有约定或者约定不明确的，按照一般保证承担保证责任。

【以案释法】

本则案例涉及的焦点问题是在约定不明的情况下保证人应承担何种保证责任。

（一）认识保证合同

所谓保证合同，是指保证人和债权人约定当债务人不履行到期债务或者发生当事人约定的情形时，保证人履行债务或者承担责任的合同（见图25）。

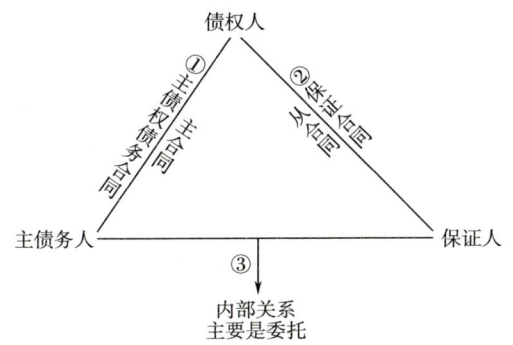

图 25　保证涉及的三方关系

简单介绍一下保证涉及的三方法律关系：

①债权人与主债务人之间的债权债务关系是主合同，债务发生的原因有可能是合同之债或者侵权等。

②保证合同是主债权债务的从合同，保证合同以主合同的存在为前提，主合同无效，保证合同无效，法律另有规定的除外。保证合同必须采用书面形式，既可以是单独订立的保证合同，也可以是主债权债务合同中的保证条款，比如借款合同中的保证条款，还可以是第三人单独以书面形式向债权人作出保证。

③主债务人与保证人之间的内部关系，一般属于委托合同关系。比如亲朋好友借款，委托你当个保证人。这个时候，选择哪种保证方式就非常重要。如果朋友跟你说："没关系，就是签个字，不用你担责任的，就是程序上过一过就可以。"千万别以为就是签个字，你签的这个字有可能是你签过的最贵的一个字。接下来我们具体看保证方式。

（二）两种保证方式的区别

保证方式有两种（见图26、图27）：一般保证和连带责任保证，二者的区别，我们从下面的图中，可以很清楚地看出，连带责任保证的保证责任远远重于一般保证。

主债务履行期届满，对于一般保证的保证人，只有在主合同纠纷经审判或仲裁，并就债务人财产依法强制执行仍不能履行债务时，一般保证人才承担保证责任,图上表现为要到第四个阶段时才承担保证责任,一般保证人直到主债务人"弹尽粮绝"才承担保证责任。法律上把这个权利称为先诉抗辩权。而对于连带责任保证,没有先诉抗辩权,主债务履行期届满,债权人就既可以请求债务人履行,也可以请求连带责任保证人承担保证责任,表现在图上第二个阶段就要承担保证责任。从这个角度看,连带责任保证人与债务人此时处于同等法律地位上,连带责任保证人的地位类似于债务人,这也就是为什么这个保证方式被称为连带之义。

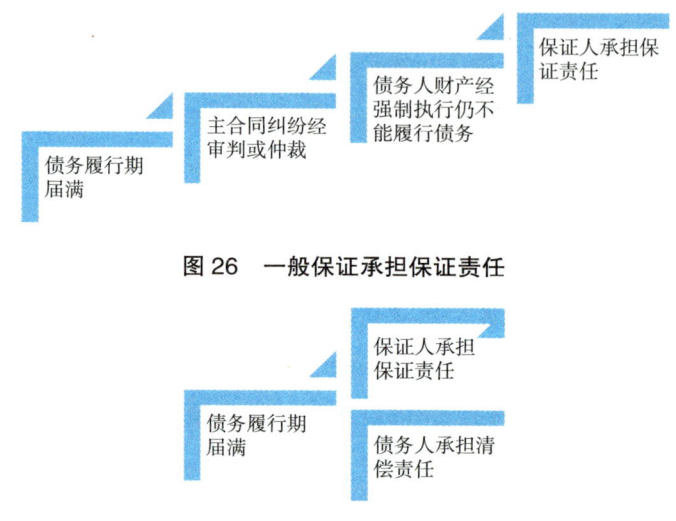

图26　一般保证承担保证责任

图27　连带责任保证承担保证责任

(三)保证方式约定不明或未约定推定为一般保证

通过上面的图,可看出一般保证和连带责任保证有天壤之别,一般保证可以把它认为是第二梯队,只有第一梯队(债务人)弹尽粮绝,一般保证的保证人才由第二梯队上升至第一梯队承担保证责任。而连带责任保证的保证人与债务人绝对是并肩作战的兄弟,无缝连接。因而,保证合同中保证人究竟承担何种保证方式就显得尤其重要。

当事人在保证合同中对保证方式没有约定或者约定不明确,应承担何种保证责任呢?《民法典》第六百八十六条第二款规定,"当事人在保证合同中对保证方式没有约定或者约定不明确,按照一般保证承担保证责任"。法律这么规定的理由在于：其一，连带责任是一种加重责任，对于承担连带责任保证的当事人较为严厉，会额外增加保证人的责任，如果当事人未明确约定，仅靠推定就让当事人承担这种责任并不妥当。其二，连带债务由法律规定或当事人约定，而连带责任保证的保证人与主债务人是负连带债务，则成立连带责任保证也应由当事人明确约定。

（四）法律的具体适用

回到案例40。通过案例解读法律的具体适用。

第一个问题，丙在"保证人"栏签名的法律性质，应将其视为保证条款。具体分析如下：借款协议未约定单独的保证条款，但在签字栏有"保证人"字样，可以将其认定为保证合同的要约，即债权人希望保证人为该笔借款提供保证责任。保证人的签名可以视为承诺，要约承诺一致，保证合同成立。

第二个问题，就相当简单了，保证人仅在保证栏内签名，仅从该签名并不能推断出丙承担何种保证方式，所以属于对保证方式没有约定或约定不明，这种情况丙承担一般保证，无特殊情形，未就乙的财产经强制执行仍不能履行债务前，丙有权拒绝承担保证责任。

> 是否享有先诉抗辩权是一般保证与连带责任保证最大的区别，但也会有例外情况出现。

四十一、债务人破产，保证人是否还享有先诉抗辩权？

【案例 41】

2018年10月，甲公司（委托方）与乙公司（受托方，专业地质勘探单位）签订《地质调查项目合同》，约定乙公司为甲公司某铁矿进行"闭坑地质调查"并出具调查报告，项目费45万元。同日，丙公司出具《担保函》一份，承诺对项目费承担一般保证。2020年3月，法院裁定甲公司破产。甲公司尚欠乙公司25万元，乙公司未向管理人申报破产债权，而是直接向法院起诉，要求丙公司支付甲公司所欠项目费。丙公司认为其承担的是一般保证，享有先诉抗辩权，因而拒绝承担保证责任。试问，债务人破产，保证人是否还享有先诉抗辩权？

【新规】

第六百八十七条第二款　一般保证的保证人在主合同纠纷未经审判或者仲裁，并就债务人财产依法强制执行仍不能履行债务前，有权拒绝向债权人承担保证责任，但是有下列情形之一的除外：

（一）债务人下落不明，且无财产可供执行；

（二）人民法院已经受理债务人破产案件；

（三）债权人有证据证明债务人的财产不足以履行全部债务或者丧失履行债务能力；

（四）保证人书面表示放弃本款规定的权利。

【以案释法】

先诉抗辩权，也就是一般保证的保证人在主合同纠纷未经审判或者仲裁，并就债务人财产依法强制执行仍不能履行债务前，有权拒绝向债权人承担保证责任。但是在债务人已经破产情况下，保证人是否还享有先诉抗辩权呢？

（一）不享有先诉抗辩权的除外情形

法院一旦受理破产案件，标志着破产程序开始。破产债权清偿有三个重要规则：一是所有债权公平清偿；二是对个别债权清偿无效；三是有关债务人财产的保全措施应当解除，执行程序应当中止。因而，对于一般保证的保证人，其所享有的先诉抗辩权，在债务人破产的情况下应视为债务人已不能履行债务，所以法律规定在法院已受理债务人破产案件的情况，保证人不再享有先诉抗辩权。

除了法院受理债务人破产案件以外，保证人不享有先诉抗辩权的情形还包括以下三类：一是债务人下落不明，且无财产可供执行，相当于债务人已无财产履行债务；二是债权人有证据证明债务人的财产不足以履行全部债务或者丧失履行债务能力；三是保证人书面放弃先诉抗辩权，这一点相当于保证人自己要求承担连带责任保证。

（二）法律的具体适用

回到案例41。通过案例解读法律的具体适用。

甲公司已被法院裁定破产，丙公司不再享有先诉抗辩权。因而，债权人乙公司对于甲公司的25万元债权，其既可以向管理人申报破产债权，也可以要求保证人承担保证责任。乙公司选择直接向法院起诉要求保证人承担保证责任，符合法律规定。同时，为了保护保证人的利益，保证人在债权人未向管理人申报破产债权的情况下，可以向管理人申报破产债权，直接参加破产财产分配，预先行使追偿权。

> 保证期间是保证合同的核心，起着承前启后的作用。

四十二、保证期间约定不明，如何认定保证期间？

【案例42】

甲（出借人）、乙（借款人）、丙（保证人）三方于2016年12月31日签订《个人借款／担保合同》，其中丙为该笔借款提供连带责任保证。借款期限为2016年12月31日至2017年12月30日，保证期间为主债务本息还清时为止。因乙未按时归还借款，2018年9月1日，甲向丙送达《督促履行保证责任通知书》，丙称现已超过保证期间，其无须再承担保证责任。甲则认为未过保证期间。试问，甲要求丙承担保证责任，是否已过保证期间？

【新规】

第六百九十二条　保证期间是确定保证人承担保证责任的期间，不发生中止、中断和延长。

债权人与保证人可以约定保证期间，但是约定的保证期间早于主债务履行期限或者与主债务履行期限同时届满的，视为没有约定；没有约定或者约定不明确的，保证期间为主债务履行期限届满之日起六个月。

债权人与债务人对主债务履行期限没有约定或者约定不明确的，保证期间自债权人请求债务人履行债务的宽限期届满之日起计算。

【以案释法】

本则案例涉及的焦点问题是对保证期间约定不明时保证期间的认定。

（一）认识保证期间

保证期间，就是用来确定保证人是否要承担保证责任的期间。保证期间，既可以是约定期间，也可以是法定期间。保证期间确定以后，不论发生什么事由，都不会发生中止、中断或延长。

（二）保证期间的认定

既然保证期间这么重要，那么保证期间怎么确定也有相应规则（虽然二种保证方式承担保证责任的时间节点不同，但保证期间的认定方式是一致的）。保证期间的认定，按以下规则：

①保证期间有约定，按约定。比如约定保证期间一年，二年，那就按合同约定的期间，承担保证责任。

②如果当事人约定保证期间早于主债务履行期限或与主债务履行期限同时届满，视为没有约定（此时尚在履行期限，无须承担保证责任）。

③如果约定保证人承担保证责任直至主债务本息还清时为止等类似内容，视为约定不明。

④没有约定或约定不明，保证期间为主债务履行期限届满之日起六个月。

⑤如果债权人与债务人对主债务履行期限没有约定或约定不明确，保证期间自债权人请求债务人履行债务的宽限期届满之日起计算。

回到案例42。根据刚才所学内容，判断一下丙的保证期间是多久。甲和丙之间约定的保证期间为主债务本息还清时为止，如前所述，该约定属于约定不明。按照法律规定，保证期间约定不明，保证期间为主债务履行期限届满之日起6个月。乙的债务履行期限届满是2017年12月30日，则丙的保证期间为2017年12月31日至2018年6月30日。

（三）债权人应在保证期间主张权利

明确了保证期间，那么债权人在保证期间要主张什么权利，保证人才须承担保证责任呢？笔者把债权人应主张的权利，称之为规定动作。规定动作直接关系着保证人是否要承担保证责任。完成了规定动作，进入下一阶段，计算保证债务诉讼时效；没做完成规定动作，就此打住，保证人免责。那么，要完成什么规定动作呢?现在问大家两个问题,可对照图回答(见图28)。

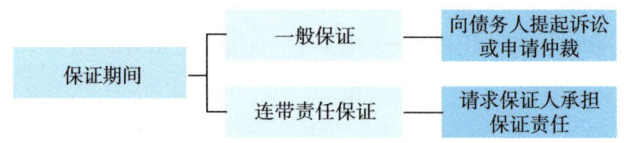

图28　保证人在保证期间主张权利

(1)一般保证,债权人要做的规定动作是必须向债务人提起诉讼或申请仲裁,为什么债权人不能向保证人提起诉讼或仲裁?

答:一般保证的保证人享有先诉抗辩权,只有在债务人"弹尽粮绝"时才承担保证责任(特殊情况除外)。

(2)连带责任保证,债权人请求保证人承担保证责任,其规定动作是否只能是诉讼或仲裁?

答:法律仅强调"请求保证人承担保证责任"而没有规定具体的请求方式。因而,债权人请求保证人承担保证责任的方式,除了诉讼或仲裁,还可以是其他非司法途径,比如书面通知,也是可以的。

我们再回到案例。因债权人甲未在保证期间向丙主张权利,其直到2018年9月1日才要求丙承担保证责任,而此时已过保证期间,因而丙无需再承担保证责任。

> 打通最后一公里，一定要学会计算保证债务诉讼时效的方法。

四十三、债权人未在保证期间内起诉保证人，保证责任就消灭？

【案例43】

甲（出借人）与乙（借款人）、丙（保证人）三方于2016年12月31日签订《个人借款/担保合同》，其中丙为该笔借款提供连带责任保证。借款期限为2016年12月31日至2017年12月30日。保证期间为贷款到期之日起2年。因乙未按时归还借款，甲于2019年7月11日向乙送达《催收函》，向丙送达《督促履行保证责任通知书》。同日，乙、丙分别在催收函、通知书上签名。2021年7月6日，甲向法院起诉，请求乙归还欠款，丙承担连带责任。丙认为甲并未在保证期间内提起诉讼，现保证责任已消灭。试问，丙真的无须承担保证责任了吗？

【新规】

第六百九十四条　一般保证的债权人在保证期间届满前对债务人提起诉讼或者申请仲裁的，从保证人拒绝承担保证责任的权利消灭之日起，开始计算保证债务的诉讼时效。

连带责任保证的债权人在保证期间届满前请求保证人承担保证责任的，从债权人请求保证人承担保证责任之日起，开始计算保证债务的诉讼时效。

【以案释法】

本则案例涉及的焦点问题是保证期间和保证债务诉讼时效的关系。

（一）保证期间和保证债务诉讼时效

我们通过下面这张简图（见图29）大致了解一下保证期间和保证债务诉讼时效的关系（以连带责任保证为例）。

图29　保证期间与保证债务诉讼时效的关系

（二）保证债务诉讼时效的认定

通过上面这张图，我们大致了解了保证期间和保证债务诉讼时效的关系，接着上一个新常识继续往下说，债权人在保证期间完成规定动作，此时保证期间功成身退，保证债务诉讼时效隆重登场。那么，具体如何计算保证债务诉讼时效呢？

连带责任保证，从债权人在保证期间内，请求保证人承担保证责任（不限于诉讼或仲裁）之日起，开始计算保证债务诉讼时效。保证债务诉讼时效在法律没有特别规定时就适用3年的普通诉讼时效。

一般保证，债权人在保证期间届满前，对债务人提起诉讼或申请仲裁，从保证人拒绝承担保证责任的权利消灭之日（"弹尽粮绝"之日），开始计算保证债务的诉讼时效。"弹尽粮绝"的标准在实务中通常以法院作出终结本次执行程序裁定，且自裁定送达债权人之日开始计算保证债务诉讼时效。

（三）保证债务诉讼时效的具体适用

回到案例43。我们采用快问快答解读法律的具体适用。

第一个问题：本案的保证方式是什么？

答：连带责任保证。

第二个问题：主债务履行期届满是什么时候？

答：2017年12月30日。

第三个问题：主债权是否已过诉讼时效？

答：未过诉讼时效。2019年7月11日，甲向乙送达《催收函》，乙在《催收函》上签字，诉讼时效中断，并从签字时起重新计算。

第四个问题：是否有约定保证期间？

答：有约定，二年。

第五个问题：债权人甲在保证期间内是否完成了规定动作？

答：已完成规定动作，其在2019年7月11日请求丙履行，方式是送达《督促履行保证责任通知书》，丙于当日在该通知书上签名。

第六个问题：保证债务诉讼时效如何计算？

答：从2019年7月11日这天开始计算，甲于2021年7月6日向法院起诉，尚未超过诉讼时效，因而丙仍须承担连带责任保证。

> 主合同变更，未经保证人书面同意，担保责任遵循"有利变更则有效，无利变更则无效"原则。

四十四、减免利息未经保证人同意，保证人能否免除保证责任？

【案例44】

2021年9月1日，甲（借款人）向乙（出借人）借款3万元，用于经营烧烤摊。双方约定该笔借款期限，自2021年9月1日至2021年11月30日，并约定了利息。丙为该笔借款提供连带责任保证。2021年9月底，考虑到双方的朋友关系及做生意的不容易，乙通过微信主动告知甲，该笔借款其自愿放弃利息，届时归还本金即可，甲欣然同意。由于甲未能按约归还借款，几经催告后，乙向法院提起诉讼，请求甲归还3万元，丙对该借款承担担保责任。丙以主合同内容已发生变更未经其书面同意为由，拒绝承担保证责任。试问，丙的保证责任能否免除？

【新规】

第六百九十五条第一款 债权人和债务人未经保证人书面同意，协商变更主债权债务合同内容，减轻债务的，保证人仍对变更后的债务承担保证责任；加重债务的，保证人对加重的部分不承担保证责任。

【以案释法】

本则案例涉及的焦点问题是未经保证人书面同意的主合同变更对保证人责任的影响。

（一）认识合同的变更

当事人双方协商一致，可以变更合同。合同变更的情形很常见，比如，购买电影票由 2 张变更为 5 张，这是数量的变更；所订货物送达地点由城东变更到城西，这是交货地点的变更；购买心仪的礼物由原来约定的商家邮寄改为自取，这是履行方式的变更；价款由原来的一次一结，变更为三月一结，这是结算方式的变更；房屋租金由原来的每月 5 000 元降到 4 500 元，这是租金价格的变更。合同的变更在社会生活中不可避免，也很常见。

保证合同是担保主债权债务合同的履行，一般来说，主合同内容变更，通常都会先征得保证人书面同意，毕竟万一债务履行不了，是要由保证人兜底的。但由于各种原因，主合同内容发生变更，未通知保证人、未征得保证人书面同意的情形也是有的，这种情况下保证人对变更后的债务是否还须承担保证责任？

（二）主合同变更后的保证人承担保证责任规则

假如你是裁判者，你会觉得怎么认定比较公平？是不是会觉得如果债务减轻，保证人应继续承担责任，因为合同内容的变更对其有利且也未超出保证人的预期；而债务加重，保证人对加重部分不担责，因为我们都无权为他人设置义务。事实上，《民法典》第六百九十五条第一款也是这么规定的，"债权人和债务人未经保证人书面同意，协商变更主债权债务合同内容，减轻债务的，保证人仍对变更后的债务承担保证责任；加重债务的，保证人对加重的部分不承担保证责任"。

（三）法律具体适用

回到案例 44。继续通过快问快答的方式解读法律的具体适用。

第一个问题，甲、乙、丙之间分别是什么法律关系？

答：甲和乙是借贷关系，乙和丙成立连带责任保证。

第二个问题，甲和乙对主合同进行了何种变更？

答：免除利息。

第三个问题，该合同内容的变更是否征得丙的同意？

答：并未征得丙的同意。

第四个问题，合同变更对丙责任的承担是减轻还是加重？

答：减轻。

第五个问题，丙的保证责任还须承担吗？

答：不能免除，须承担。

> 保证合同虽然只是从合同,保证也只是从权利,但基于公平原则,仍会赋予保证人相应的防御能力。

四十五、债务人的债权,能否作为保证人的抗辩理由?

【案例45】

甲对乙负有50万元债务,丙为甲的该笔债务提供连带责任保证。同时,甲对乙享有20万元到期债权,双方的债权均为货款债权且均已到期。现债权人乙要求丙承担连带责任保证,向其清偿50万元。丙仅同意清偿30万元,对另20万元拒绝清偿。乙认为丙并不享有抵销权。试问,丙清偿的债务,应该是50万元还是30万元?

【新规】

第七百零二条 债务人对债权人享有抵销权或者撤销权的,保证人可以在相应范围内拒绝承担保证责任。

【以案释法】

本则案例涉及的焦点问题是债务人的债权能否作为保证人的抗辩理由。

(一)债务人与保证人

我们已经知道,保证合同是单务合同、无偿合同。保证人对债权人不享有请求给付的权利,其所享有的只有主债务人对债权人享有的各种抗辩权或其他防御性权利。须注意的是,即使主债务人放弃这些抗辩权,保证人仍然可以主张。只有这样,保证人才能依法保护自己的合法权益。

(二)债务人的债权可作为保证人的抗辩权

《民法典》第七百零二条规定,"债务人对债权人享有抵销权或者撤销权的,保证人可以在相应范围内拒绝承担保证责任"。根据该法条规定,债务人对债权人享有抵销权或撤销权。保证人也享有该等权利,并可以此为抗辩,在该范围内拒绝承担保证责任。

回到案例45。通过案例解读法律的具体适用。甲对乙负有50万元债务,但同时甲对乙也享有20万元的债权,现双方债权均已到期且双方的债权根据性质可以行使抵销权。根据《民法典》第七百零二条规定,丙清偿30万元债务即可。

> 法律关于沉默视为同意的规定，应引起足够的重视。

四十六、房主知道房屋被转租未提异议，超过 6 个月就视为同意转租？

【案例 46】

甲将其位于商业区的一间门面房出租给乙使用，约定乙租赁房屋用于经营茶楼，租期 5 年，租金一年一付。若乙转租未经甲同意，甲可解除合同。合同履行过程中，甲有一天经过自己的出租屋，发现茶楼竟变成餐饮店了，再一打听，原来乙擅自把房屋转租了。这可把甲给气坏了，原想立即与乙解除合同，不巧甲这段时间事多，繁忙，七八个月的时间就过去了，竟把解除租赁合同的事给忘了。等甲想起来的时候，连夜拟了份《解除租赁合同通知书》，通过 EMS 向乙送达。乙第二天就给甲来了个电话，说："房东，我转租没经你同意是我不对，但你现在才提异议，异议无效啊！你知道转租的事，都已超过 6 个月。"甲又一次被气到了，违约转租还这么嚣张。试问，房主知道房屋被转租 6 个月而未提异议，真的就视为同意转租？

【新规】

第七百一十八条　出租人知道或者应当知道承租人转租，但是在六个月内未提出异议的，视为出租人同意转租。

【以案释法】

本则案例涉及的焦点问题是房主知道房屋被转租 6 个月未提异议是否视

为同意转租。

（一）认识意思表示

意思表示，就是指把企图发生一定私法效果的内心意思，表示出来。意思表示的表示方法，主要有明示和默示。比如跟花店老板说，给我包一束百合花，这就是明示的表示方法，内心的意思就是要买花，并把这个意思用语言表示了出来，想发生的私法效果是与花店老板订立一个买卖合同。买了鲜花不好拿，就招手叫了一辆出租车，这是默示的表示方法，内心的意思是要叫出租车，并把这个意思通过"招手"这个行为表示出来，想发生的私法效果是与出租车公司订立一个客运合同。

意思表示除了明示和默示这两种表示方法外，极特殊的情况下，沉默也可视为意思表示，这个特殊的情况就是当法律明确规定、当事人明确约定以及符合当事人之间的交易习惯时，沉默方可视为意思表示。比如，法律规定，受遗赠人应当在知道受遗赠后六十日内，作出接受或者放弃受遗赠的表示；到期没有表示的，视为放弃受遗赠。这个就是关于沉默的意思表示。

（二）沉默符合一定条件也可视为同意转租

今天我们也来说一个沉默视为意思表示的法律规定。《民法典》第七百一十八条规定，"出租人知道或者应当知道承租人转租，但是在六个月内未提出异议的，视为出租人同意转租"。根据该法条规定，如果出租人知道或应当知道承租人转租，而在六个月内都未提出异议，则超过六个月，就视为出租人同意转租。法律这么规定的主要原因，一方面是为了维护交易秩序的安全有序，因为如果出租人享有解除权，却在一定时间内既不行使解除权又不对承租人的转租行为予以追认，将使出租人与承租人、承租人与次承租人的租赁关系都长期处于不稳定状态；另一方面，从保护出租人利益考虑。承租人擅自转租，法律也给予出租人时间，让其通过综合考虑以确定是否解除租赁合同。

如果知道二房东擅自转租，出租人要行使解除权的，应在知道转租情况之日起6个月内行使，否则法律会把出租人的"沉默"视为"同意"的意思表示。

（三）法律的具体适用

回到案例46。通过案例解读法律的具体适用。

乙擅自转租，甲享有合同解除权。但甲因琐事缠身，其自知道转租事由之日起，过了七八个月后才提出异议，超过了法律规定的异议期（6个月），甲的未及时吭声，被法院视为同意转租，此时，甲不再享有合同解除权。

> 合同的相对性，在转租合同的超期认定规则中体现得淋漓尽致。

四十七、转租合同超出原合同租期，超出期限对出租人有约束力吗？

【案例 47】

甲（出租人）与乙签订《租赁合同》，约定租赁期限自 2017 年 5 月 23 日至 2021 年 5 月 22 日。经甲同意，乙将其承租的房屋转租给丙，租赁期限为 2019 年 11 月 15 日至 2021 年 8 月 1 日。2021 年 4 月 15 日，甲向乙送达《到期不续约通知函》中载明，"因产权改革，案涉场地租赁合同到期不再续期，请提前做好撤场准备"。丙以其租赁期限并未到期为由，且房屋刚装修不久，不愿腾空房屋。试问，转租合同超出原租赁合同的剩余期限，超出期限能否约束出租人？

【新规】

第七百一十七条 承租人经出租人同意将租赁物转租给第三人，转租期限超过承租人剩余租赁期限的，超过部分的约定对出租人不具有法律约束力，但是出租人与承租人另有约定的除外。

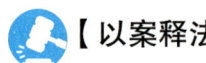【以案释法】

本则案例的焦点问题是转租合同超出原租赁期部分对出租人是否具有法律效力。

（一）认识转租合同

房屋转租，就是指承租人将其从出租人处租赁的房屋，再转租给第三人使用，收益。承租人转租房屋，日常生活中也常被称为"二房东"。转租涉及三方当事人（出租人、承租人和次承租人）和两个合同（租赁和转租）（图30）。两个租赁合同相互独立。需要注意的是，出租人和承租人之间的租赁关系不受转租合同影响，承租人继续按约支付租金，合同到期出租人可收回租赁物。

出租人 ——①租赁合同—— 承租人 ——②转租合同—— 次承租人

图 30　转租的三方关系

转租包括经出租人同意和未经出租人同意二种。

经出租人同意的转租又包括三种情况：①租赁合同直接约定承租人有权转租房屋；②租赁期限内征得出租人同意后转租；③出租人知道承租人转租在6个月内未提出异议，超过6个月就视为同意转租。

未经出租人同意的转租，出租人可以解除合同，这是出租人享有的法定解除权。

（二）超出原租期部分对出租人无效

接下来我们讨论一个问题，如果转租合同（均指合法转租）的租赁期限超过租赁合同，超过部分对出租人具有法律效力吗？（见图31）

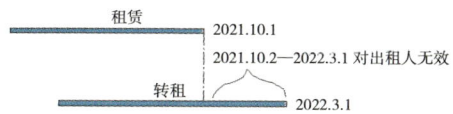

图 31　转租合同超出原租赁合同期限

我们刚分析过，出租人和承租人之间的租赁关系不受转租合同影响，租赁合同继续有效。既然租赁合同有效，则合同到期，出租人当然可以收回租赁物，换句话说，转租超出原租期部分的期限，对出租人不具有法律效力。对此，《民法典》第七百一十七条明确规定，"承租人经出租人同意将租赁物转租给第三人，转租期限超过承租人剩余租赁期限的，超过部分的约定对出租人不具有法律约束力，但是出租人与承租人另有约定的除外"。

（三）法律的具体适用

回到案例 47。通过案例解读法律的具体适用。

案涉《租赁合同》租期为 2017 年 5 月 23 日至 2021 年 5 月 22 日；案涉《转租合同》的租期为 2019 年 11 月 15 日至 2021 年 8 月 1 日；转租合同的租赁期限超出原租期，且甲（出租人）明确告知乙案涉场地到期不续租，因而超出租赁合同的期限，即自 2021 年 5 月 23 日起至 2021 年 8 月 1 日的租期不能约束出租人，丙应腾空案涉房屋。至于丙的损失，可依案涉《转租合同》要求乙承担违约责任。

> 又见第三人代履行，这一次，第三人的代履行具有了合法利益。

四十八、次承租人的代履行，出租人能否拒绝？

【案例 48】

甲（出租人）与乙签订《租赁合同》，经甲同意，乙将其承租的房屋转租给丙。乙未按期支付租金，且经多次催收仍未支付，已欠付租金违约金共计 2 万元。为避免甲行使法定解除权，丙主动要求代为清偿乙的 2 万元债务。甲以丙并非合同相对人为由拒绝接受。丙却韧性十足，坚持要求甲接受其履行，并告知甲其并无拒绝权。试问，对丙的代为清偿，甲真的必须接受吗？

【新规】

第七百一十九条　承租人拖欠租金的，次承租人可以代承租人支付其欠付的租金和违约金，但是转租合同对出租人不具有法律约束力的除外。

次承租人代为支付的租金和违约金，可以充抵次承租人应当向承租人支付的租金；超出其应付的租金数额的，可以向承租人追偿。

【以案释法】

本则案例涉及的焦点问题是出租人能否拒绝次承租人的代履行。

(一)出租人与次承租人

租赁合同与转租合同相互独立,出租人与次承租人之间并不存在合同关系。因而,在承租人拖欠租金的情况下,出租人无权要求次承租人代为履行。但是,反过来,如果次承租人要求代承租人履行,出租人是否有权拒绝呢?

(二)代履行应具有合法利益

《民法典》第七百一十九条第一款规定,"承租人拖欠租金的,次承租人可以代承租人支付其欠付的租金和违约金,但是转租合同对出租人不具有法律约束力的除外"。根据该法条规定,次承租人代履行应符合以下条件(见图32):

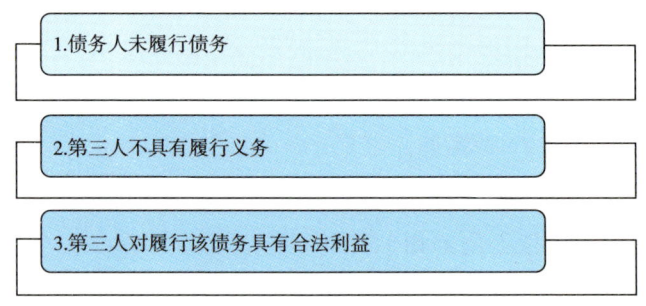

图32 次承租人代履行条件

我们着重说一下第三点。根据之前的新常识,我们知道第三人对代履行债务应具有合法利益。那么,次承租人代承租人履行债务是否具有合法利益?承租人拖欠租金,经催告在合理期限内仍未支付,出租人享有合法的解除权。因而,次承租人对租赁物占有、使用和收益的权益能否得到保障完全依赖承租人对出租人义务的履行。如果承租人欠付租金,出租人解除其与承租人的租赁合同而收回租赁的房屋时,则次承租人将无法继续使用租赁物,同时也妨碍合同目的的实现。而次承租人代承租人支付所欠租金,则会使其的履行障碍消除,因而次承租人对代履行的债务具有合法利益。

接下来讨论的一个问题是,如果第三人符合代履行条件,那么对于第三人的代履行，出租人是否有拒绝的权利呢？根据《民法典》第七百一十九条的但书条款，即"但是转租合同对出租人不具有法律约束力的除外"，什么意思呢？出租人对次承租人的履行请求是否有权拒绝，分两种情况。第一种情况，如果转租是经出租人同意的，则出租人不得拒绝次承租人的代履行请求。理由在于这是根据债权的财产性质决定的，债权人要满足其债权，没有必要把债务限于必须由债务人本人履行，只要给付满足债权的财产价值即可，这同时也有利于租赁关系的稳定、经济秩序的平稳，且租金属于金钱之债，不存在履行障碍。第二种情况，如果转租未经出租人同意则出租人可以拒绝次承租人的代履行。理由在于，如果转租未经出租人同意，出租人随时可以解除合同，次承租人占有租赁房屋，对于出租人而言属于无权占有，出租人随时可以要求第三人返还租赁的房屋，当然有权拒绝第三人代履行。

回到案例48。这个答案已经很清晰了，甲对丙的代履行，无权拒绝，具体不再赘述。

（三）代履行法律效力

第三人代履行后的法律效力是什么？《民法典》第七百一十九条第二款规定，"次承租人代为支付的租金和违约金，可以充抵次承租人应当向承租人支付的租金；超出其应付的租金数额的，可以向承租人追偿"。这个很好理解，次承租人代承租人履行了债务，法律性质相当于出租人把债权转让给次承租人，根据债权转让规则，债权转让要通知债务人，自承租人收到债权转让通知，这个时候，承租人和次承租人互负金钱债务，可以进行抵销，也就是法条所说的可以充抵次承租人应当向承租人支付的租金，超出部分，次承租人对承租人享有追偿权。

> 睿智的民法慈母，也有一颗珍视亲情与人间烟火气的心。

四十九、承租人的优先购买权，能否对抗出租人的近亲属？

【案例49】

甲有一套房屋，依山傍水，风景宜人。现正出租给丙（画家），租期一年。近段时间，甲考虑把这套房屋出售。丙听说后立即表示，其要购入这套房，这里给他很多创作灵感。甲的姐姐乙也发微信给甲，说如果出售这套房，能不能卖给她，这里有她童年的回忆。甲头痛不已，甲希望卖给乙，但听说承租人有优先购买权，甲觉得乙肯定竞争不过丙。试问，甲可以按其心愿把房屋低价卖给乙吗？

【新规】

第七百二十六条第一款　出租人出卖租赁房屋的，应当在出卖之前的合理期限内通知承租人，承租人享有以同等条件优先购买的权利；但是，房屋按份共有人行使优先购买权或者出租人将房屋出卖给近亲属的除外。

【以案释法】

本则案例涉及的焦点问题是承租人行使优先购买权是否有限制。

（一）认识优先购买权

优先购买权，是指特定买卖中，在同等条件下，享有优先于他人购买财产的权利。比如房屋租赁中的承租人就享有优先购买权。

承租人的优先购买权具有法定性，这个权利是有法律明确规定的，因而，出租人如果要出售出租的房屋，应当在出卖之前的合理期限内通知承租人，给承租人考虑是否购买的时间，如果未履行通知义务就直接与第三人进行交易，承租人可以要求出租人承担赔偿责任，但出租人和第三人签订的房屋买卖合同还是有效的。另外，出租人履行通知义务后，如果承租人在收到通知的15日内都未明确表示购买的，就视为承租人放弃优先购买权。法律之所以规定承租人的优先购买权，是为了在不损害房屋出租人实质利益的前提下，维护承租人居住或生产经营的稳定。

（二）承租人的优先购买权的限制

社会生活中，还会存在另外一种情况，那就是近亲属之间的房屋买卖。如果出租人拟出售给近亲属的房屋正好是出租屋，且承租人也要购买，则此时形成的局面就是，除非出租人的近亲属提出更优越的购买条件，否则竞争不过承租人，因为承租人享有优先购买权，这不仅与出租人内心愿望不符（出售房屋给自己最亲近的人，通常会给予价格、支付期限等方面优惠），同时也不符合我国亲情和人情极为浓厚的现实。因而，《民法典》第七百二十六条第一款规定，"出租人出卖租赁房屋的，应当在出卖之前的合理期限内通知承租人，承租人享有以同等条件优先购买的权利；但是，……出租人将房屋出卖给近亲属的除外"。据此，承租人行使优先购买权也有限制情形，当出租人拟将出租屋出售给其近亲属（配偶、父母、子女、兄弟姐妹、祖父母、外祖父母、孙子女、外孙子女）时，承租人不享有优先购买权。

（三）法律的具体适用

回到案例49。通过案例解读法律的具体适用。

甲出售出租的房屋，承租人丙享有优先购买权，但因甲拟出售给乙，乙系甲的近亲属，因而，丙行使优先购买权受到限制，甲可以按其心愿将案涉房屋以低价出售给乙。

> 虚假行为隐藏着真实的意思表示，虚假行为无效，真实的意思表示并不当然无效。

五十、融资租赁合同租赁物系虚构，如何认定合同效力？

【案例50】

甲（出租人）与乙（承租人）于2016年12月签订一份《融资租赁合同（回租）》（以下简称《融资租赁合同》）。约定：乙将其机器出卖给甲，甲再将该机器租赁给乙（回租）租金总额为1 500万元；租金具体支付时间、金额及违约条款等事项。租赁合同签订后，截至2020年1月，乙向甲付款合计1 200万元，甲未向乙支付租赁物转让价款。甲向法院起诉，请求乙向其支付所有欠付租金。乙则认为案涉租赁合同虚构租赁物，反诉请求确认该合同无效，并请求甲返回其已支付款项。法院经过审理，发现"租金"1 500万元实际是对双方之间的债权债务进行清算，案涉租赁合同实际上也是双方为处理债权债务关系而达成的合同。试问，对于虚构融资租赁合同标的物，合同效力如何认定？

【新规】

第七百三十七条 当事人以虚构租赁物方式订立的融资租赁合同无效。

【以案释法】

本则案例涉及的焦点问题是虚假表示下隐藏行为的效力认定。

（一）认识融资租赁合同

说到租赁，总会想到房屋租赁，今天我们说的不是具有使用功能的房屋租赁，而是另外一种具有融资功能的租赁，叫融资租赁。

具体怎么进行融资呢？假设：A（承租人）要添置一台大型冷冻机，缺少资金，A跑到市场货比三家，像自己要购买一样，精挑细选，确定了B（出卖人）和具体的机器型号，之后通知C（出租人），C根据A（承租人）的要求买下A确定的机器再出租给A。从这个过程可以看出，融资租赁实质是通过租赁标的物（融物）来实现其融资功能，该种方式现已成为企业获取生产设备重要的融资工具。

（二）虚构租赁物的融资租赁合同无效

如果当事人签订的融资租赁合同并非其真实意思表示，实际也不存在真实的租赁物，合同效力如何认定？《民法典》第七百三十七条规定，"当事人以虚构租赁物方式订立的融资租赁合同无效"。当事人的这种行为，法律上有一个专门名称叫作"虚伪通谋"，法律认为其无效的原因在于，这种虚伪通谋的意思表示不是当事人真实的意思表示，当事人对此也是心知肚明，也不希望这种虚假行为发生真实的法律效力。既然当事人都不希望它发生效力，那就不要发生效力，否则有悖于意思自治原则。

（三）隐藏行为的效力

不会有谁那么无聊，没事弄个假合同瞎玩，虚假行为下面一定会有隐藏行为，而这个隐藏行为才是当事人真实的意思表示。比如名为赠与实为买卖，名为买卖实为借贷。对于隐藏行为的具体效力，根据自身行为的效力予以判断。也就是说，如果一个合同同时存在"虚假意思表示"与"隐藏行为"时，前者无效；后者如其本身有效，则按有效处理，本身无效，则按无效处理。

（四）法律的具体适用

回到案例50。通过案例解读法律的具体适用。

甲、乙双方签订《融资租赁合同》，但不存在真实的租赁物，双方真实的法律关系是在对双方之间的债权债务进行清算。所谓的融资租赁合同，实际也是为处理债权债务关系而达成的合同，案涉《融资租赁合同》分期支付租金的方式，实则是对之前的债务问题进行清算确认以及对清偿方式进行的具体约定，且在该清理债务约定达成后，双方已实际开始履行。因处理债权债务属于非典型合同，并不存在无效情形，因而，法院认为对于案涉融资租赁合同下的隐藏行为，即双方关于清理债务的相关约定，合法有效，当事人应继续履行。

> 融资租赁合同一定程度上突破了合同的相对性，再一次彰显了法律的实用性。

五十一、出卖人延期交付标的物，承租人能拒绝受领吗？

【案例51】

甲因购买挖掘机缺乏资金，与乙（出租人，买受人）签订《融资租赁合同》，约定乙根据甲对出卖人、租赁物的选择，向出卖人丙购买案涉挖掘机，甲向乙支付租金。后因丙未按约向甲交付挖掘机，甲要求丙在接到催告函之日起30天内交付挖掘机，否则拒绝受领。丙在接到催告函的2个月后向甲交付挖掘机，甲拒绝受领，并通知了出租人乙。试问，甲是否有拒绝受领的权利？

【新规】

第七百四十条　出卖人违反向承租人交付标的物的义务，有下列情形之一的，承租人可以拒绝受领出卖人向其交付的标的物：

（一）标的物严重不符合约定；

（二）未按照约定交付标的物，经承租人或者出租人催告后在合理期限内仍未交付。

承租人拒绝受领标的物的，应当及时通知出租人。

【以案释法】

本则案例涉及的焦点问题是如何认定承租人的拒绝受领权。

（一）再识融资租赁合同

前面的新常识中，我们知道了融资租赁中，存在两个合同与三方当事人。一个是承租人与出租人签订的融资租赁合同，另一个是出租人与承租人指定的出卖人签订的买卖合同。融资租赁的实质是通过融物（租赁标的物）来实现融资。出租人（买受人）主要义务是支付价款，承租人与出卖人虽不具有直接的合同关系，但却是真正的买卖双方。从实际出发，法律突破了合同的相对性，一定程度上赋予了承租人类似于买受人的地位。

（二）出卖人逾期交付标的物承租人可拒绝受领

在约定时间交付标的物是出卖人应履行的义务。如出卖人未履行该义务，作为真正买受人的承租人享有何种权利？《民法典》第七百四十条规定，"出卖人违反向承租人交付标的物的义务，有下列情形之一的，承租人可以拒绝受领出卖人向其交付的标的物：（二）未按照约定交付标的物，经承租人或者出租人催告后在合理期限内仍未交付。"

（三）案例的具体适用

回到案例51。通过案例解读法律的具体适用。

丙未按约交付标的物，甲要求丙在催告后的30日内交付挖掘机，该期限应当认定是合理的期限，丙经催告后仍未在合理的期限内支付，而是在过了宽限期后再交付，对此时交付的挖掘机，根据《民法典》第七百四十条第二项规定甲有权拒绝受领。

> 没有应收账款的转让，不构成保理合同；只有应收账款的转让，同样不是保理合同。

五十二、应收账款系虚构，债务人能否对抗保理人？

【案例52】

甲（应收账款债权人，出卖人）对丙（应收账款债务人，买受人）因贸易享有5 000万元的应收账款债权。2018年5月23日，甲向乙（保理人）提交《保理融资申请书》，申请将上述应收账款办理无追索权保理融资业务。保理人乙对该笔应收账款进行了尽职调查，审查了案涉商务合同、发票、货物交接单等证据；丙向乙出具的《承诺书》承诺该笔应付账款具有真实的交易背景，且该应付账款为卖方已适当履行了基础交易合同项下的应付账款，丙负有无条件的付款义务，保证在应付账款到期日届满之前足额支付应付账款。2018年6月10日，甲与乙签订《保理合同》，乙向甲支付了相应的融资款。同日，甲与乙共同向丙发出《应收账款转让通知书》，载明："甲因经营管理的需要与乙签订了《保理合同》，现将与贵方订立的商务合同项下的全部应收账款5 000万元转让给乙，现我方与乙共同对相关事项通知如下：乙已经替代我方成为上述商务合同项下应收账款的合法债权人，前述应收账款到期时，请按照指示向乙履行合同项下的付款义务，将款项直接付至下述账户……。并明确：丙将应付款按时足额付到该保理回款专户才构成付款义务的履行，且唯有该账户收到足额款项方可解除丙的债务责任。本次通知附随文件：应收账款转让清单，商务合同副本。"同日，丙向甲、乙出具《应收账款转让通知书回执》，确认已收到上述《应收账款转让通知书》及所附文件并同意其内容，并承诺按照乙的指示向其履行商务合同项下的付款义务。

6月10日，甲与乙就上述商务合同所涉应收财款转让及登记相关事

— 175 —

宜签署《应收账款转让登记协议》并办理了《中国人民银行征信中心动产权属统一登记——初始登记》，登记期限1年，转让财产价值为5 000万元。

应收账款到期，乙要求丙清偿5 000万元应收款。丙提交由会计师事务所出具的《审核意见书》，证明甲与丙之间的业务往来款已经全部付清，案涉保理合同处分事实上并不存在的债权，不产生法律效力，其对乙并不存在清偿义务。试问，丙明知该应收账款系虚构仍予以承认，乙能否要求丙清偿该5 000万元？

【新规】

第七百六十三条　应收账款债权人与债务人虚构应收账款作为转让标的，与保理人订立保理合同的，应收账款债务人不得以应收账款不存在为由对抗保理人，但是保理人明知虚构的除外。

【以案释法】

本则案例涉及的焦点问题是应收账款的债务人能否以应收账款系虚构对抗无过错的保理人。

（一）认识保理合同

保理合同是本次《民法典》编纂新增四类典型合同中的一种，另三类分别是保证合同、物业服务合同与合伙合同。其他三类合同，我们都还比较熟悉，保理合同，则高冷很多，有很多朋友可能都没有听说过。保理合同是以债权人转让其应收账款为前提，集资金融通、应收账款催收或者管理、应收帐款债务人付款担保等服务于一体的综合性金融服务合同。保理业务是典型的起步晚（2012年，经商务部牵头，在天津滨海新区、上海浦东新区开展商业保理试点，设立商业保理公司），发展迅猛，主要原因在于购货商赊销付款逐渐成为主要结算方式，使我国企业的应收账款总量不断攀升。企业拿不到现款但自身又有强烈的融资需求，而保理业务恰好能解决这一实际难题。如图33显示了保理业务最基础的流程关系。

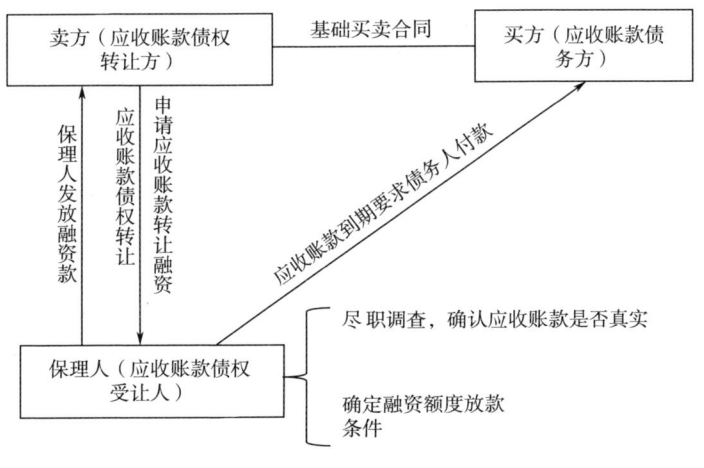

图 33 保理三方关系

卖方（应收账款债权转让方）向保理人（分为银行业保理和商业保理）申请以应收账款（到期、未到期均可以）转让融资。保理人接到申请后，展开尽职调查，调查转让的应收账款基础法律关系是否真实。比如基础法律关系是医药生产商向医院赊销的各类药品，一般来说，保理人要求应收账款债权转让人提供基础交易合同等基本材料来证明基础交易的真实性和履行进度，比如订货单、药品销售合同、相对应的入库单、增值税专用发票，除了这些，还会派人到现场进行核实，到税务机关进行增值税专用发票核验（确保真实性），并要求债务人对该等应收账款的真实性予以确认，以及债务人承诺按期支付应收账款，这样，保理人就完成尽职调查，并确定拟融资额度。

保理人与卖方正式签订《保理合同》，并向卖方发放融资款。保理合同的内容，除了应收账款转让之外，保理人还必须提供资金融通、应收账款管理或者催收、应收账款债务人付款担保等服务中的相关服务，具体服务内容由保理人与应收账款债权人具体约定。应收账款管理又称为销售分户账管理，是指保理人根据债权人的要求，定期或不定期向其提供关于应收账款的回收情况、逾期账款情况、对账单等财务和统计报表，协助其进行应收账款管理。应收账款的转让，适用于债权转让的一般规则。即债权转让要通知债务人，否则债权转让对债务人不具有法律效力。至于通知主体，法律没有明确规定，原则上由让与人发出债权转让通知更为妥当。保理合同，实践中通常由保理人发出通知，或者由应收账款债权人与保理人共同发出，保理人向应收账款债务人发出应收账款转让通知的，应当表明保理人身份并附有必要凭证。

应收账款债务到期后，保理人向应收账款债务人发出支付应收账款债务的通知，对于应收账款债务人支付的应收账款，扣除保理融资款本息和相关费用后是否要归还给应收账款债权人，根据保理属于有追索权保理和无追索权保理而有不同的规定。

（二）虚构应收账款并不一定导致保理合同无效

如果转让的应收账款是债权人与债务人虚构的，保理人向应收账款债务人征询该笔应收账款真实性的时候，债务人对此予以肯定回答，之后能否以应收账款转让标的并不存在为由拒绝支付该笔应收账款呢？《民法典》第七百六十三条规定，"应收账款债权人与债务人虚构应收账款作为转让标的，与保理人订立保理合同的，应收账款债务人不得以应收账款不存在为由对抗保理人，但是保理人明知虚构的除外"。适用该法条，注意三点：①作为转让标的的应收账款不存在，既包括应收账款完全不存在，也包括部分不存在，如保理合同约定的债权转让金额为1 000万元，真实的债务数额为800万元。②应收账款不存在是因为该应收账款是债权人与债务人虚构。虚构的形式，既可以是债权人与债务人通谋以虚假的意思表示制造了虚假的应收账款外观，也可以是债务人向保理人确认应收账款的真实性。③保理人对应收账款不存在的事实不明知。这里尤其要注意，保理人不能因为债务人确认了应收账款的真实性就对债权的真实性不做任何的调查核实。在保理人完全可以通过成本较低的审核措施就可以发现债权不存在的情形时，应认为保理人对债权不存在是明知的。

（三）法律的具体适用

回到案例52。通过案例解读法律的具体适用。

甲（应收账款债权转让人）将其对丙（债务人）的5 000万元应收账款债

权转让给乙（保理人），乙为甲提供了资金融通等服务，甲与乙之间成立保理关系。

应收账款到期，丙以其与甲之间不存在债权债务对抗乙主张的清偿5 000万元债务。债务人与债权人虚构保理合同项下的应收账款能否以此对抗保理人？根据《民法典》第七百六十三条的规定，只有保理人明知保理合同项下的应收账款是虚构时，债务人才能对抗保理人。

乙就案涉应收账款真实性进行尽职调查时，丙向乙出具承诺书并承诺保理合同项下的应付账款具有真实的交易背景，且该应付账款为卖方已适当履行了基础交易合同项下的应付账款，承诺人负有无条件的付款义务，并保证在应付账款到期日届满之前足额支付应付账款。《保理合同》签订后，甲、乙向丙发出的《应收账款转让通知书》载明，丙将应付款按时足额付到该保理回款专户才构成付款义务的履行，且唯有该账户收到足额款项方可解除丙的债务责任。丙向甲、乙出具《应收账款转让通知书回执》确认已收到上述《应收账款转让通知书》及所附文件并同意其内容，丙承诺按照乙的指示向其履行商务合同项下的付款义务。丙在上述行为及文件中确认了基础交易的真实性，并承诺履行付款义务，并未提及款项已经支付的情况。乙向法院提交了案涉商务合同、发票、货物交接单等证据，该部分证据能够证明乙在受让应收账款债权时对基础债权的真实性进行了必要的调查和核实，尽到了审慎的注意义务。另外，丙提交的《审核意见书》，该基础文件由丙单方出具，未经乙的确认。更关键的是该《审核意见书》不能证明乙在受让应收账款时明知丙还款的事实。因而，丙应该清偿5 000万元应付账款。

> 风险与收益总是成正比的。愿意选择有追索权的保理，表明保理人在高收益与安全之间更青睐资金安全的态度。

五十三、保理人能否要求债权转让人回购应收账款债权？

【案例 53】

2017 年 9 月 18 日，甲（保理人）与乙（债权转让人，卖方）签订了《公开型有追索权国内保理合同》，约定乙将交易合同项下的应收账款转让给甲，甲同意按本合同约定受让应收账款并向乙提供保理融资、应收账款管理及催收等国内保理业务。催账期届满日不应迟于 2019 年 3 月 14 日，保理融资额度为人民币 300 万元，保理融资额度有效期自 2017 年 9 月 18 日至 2018 年 9 月 14 日。该保理合同第六条回购条款约定，"回购情形为应收账款到期日，买方未足额支付应收账款，经保理人自行或委托卖方在催账期内向买方催收后，买方仍未在催账期届满日前一日足额付款。回购情形发生后，保理人将向卖方发出《应收账款回购通知书》，卖方应当按照保理人的要求在保理人指定的日期回购所有保理人已受让的应收账款；已预付应收账款转让价款的，卖方应立即并不迟于保理人要求的时间退还相应的保理融资本金，比例预付方式下的应同时支付相应的利息。"第八条卖方的陈述与保证约定，应收账款均产生于正常业务的真实的交易。在保理合同的附件中，乙提供了《应收账款转让申请书》，该申请书记载买卖合同的相对方，以及交易合同的数量、总价款、应收账款的金额及发票编号。甲向乙出具了《应收账款转让申请保理人审核意见》，受让了应收账款。同日，甲向乙发放保理融资款 300 万元。2018 年 9 月 11 日，甲向乙邮寄《应收账款回购通知书》载明：因发生案涉保理合同项下的回购情形，要求乙依约承担回购案涉应收账款。乙认为债权已转让拒绝回购。试问，对于甲未能收回的应收账款的风险，乙要承担回购义务吗？

【新规】

第七百六十六条　当事人约定有追索权保理的，保理人可以向应收账款债权人主张返还保理融资款本息或者回购应收账款债权，也可以向应收账款债务人主张应收账款债权。保理人向应收账款债务人主张应收账款债权，在扣除保理融资款本息和相关费用后有剩余的，剩余部分应当返还给应收账款债权人。

【以案释法】

本则案例涉及的焦点问题是债权转让人对保理合同项下的已转让的应收账款是否有回购的义务。

（一）认识有追索权的保理

当保理人按保理合同向应收账款债权人提供了保理融资款，到了债务人清偿应收账款的时候，债务人却因为各种原因，比如破产、无故拖欠、无法偿付应收账款时，保理人的损失怎么办？能否跟应收账款债权人说："瞧，你转给我的应收账款债务人没有按时清偿，给我造成了损失，现在你要回购应收账款，归还融资款本息。"可不可以？答案是具体看约定的保理是否有追索权。如果是无追索权的保理，则不能回购；约定的是有追索权的保理，则可以回购。有意思的是，国内的保理大多是有追索权的保理。那么，到底何谓有追索权和无追索权的保理？

《民法典》第七百六十六条规定："当事人约定有追索权保理的，保理人可以向应收账款债权人主张返还保理融资款本息或者回购应收账款债权，也可以向应收账款债务人主张应收账款债权。保理人向应收账款债务人主张应收账款债权，在扣除保理融资款本息和相关费用后有剩余的，剩余部分应当返还给应收账款债权人。"根据该规定，有追索权的保理，保理人不承担为债务人核定信用额度和提供坏账担保的义务，仅提供包括融资在内的其他金融服务，一旦应收账款到期无法从债务人处收回，保理人可以要求应收账款债权人回购应收账款或归还融资，又称为回购型保理。另外，基于利益与风险一致原则，保理人即使运气很好，从债务人处全额收回了应收账款，保理人扣除保理融资款本息和相关费用后有剩余的，剩余部分应当返还给应收账款债权人。

无追索权的保理，是指保理人根据债权人提供的债务人核准信用额度，在信用额度内承购债权人对债务人的应收账款并提供坏账担保责任，债务人因发生信用风险未按基础合同约定按时足额支付应收账款时，保理人不能向债权人追索，又称为买断型保理。基于利益与风险一致原则，保理人向债务人全额收回应收账款，对于超过保理融资款本息和相关费用的部分，无须向应收账款债权人返还。

（二）法律的具体适用

回到案例53。通过案例解读法律的具体适用。

2017年9月18日，甲（保理人）与乙（债权转让人，卖方）签订了《公开型有追索权国内保理合同》，该合同第六条回购条款约定，"回购情形为应收账款到期日，买方未足额支付应收账款，经保理人自行或委托卖方在催账期内向买方催收后，买方仍未在催账期届满日前一日足额付款。回购情形发生后，保理人将向卖方发出《应收账款回购通知书》，卖方应当按照保理人的要求在保理人指定的日期回购所有保理人已受让的应收账款；已预付应收账款转让价款的，卖方应立即并不迟于保理人要求的时间退还相应的保理融资本金，比例预付方式下的应同时支付相应的利息"。据此，案涉保理属于有追索权保理。现甲未能按时收回应收账款，要求乙回购应收账款债权，符合法律的相关规定，乙不得拒绝回购。

（三）多重保理的清偿顺序

实务中，经常会出现应收账款债权人就同一应收账款订立多个保理合同，使多个保理人主张同一笔应收账款的情形。此时，究竟以何种方式确定多个保理人之间的优先顺位？立法者通过综合考虑，采取了兼具成本、效率与公平的清偿顺序。具体就是：①已登记的先于未登记（该登记是指到中国人民银行征信中心的动产融资统一登记公示系统）的取得应收账款。②均已登记的，按登记时间的先后顺序取得应收账款。③均未登记的，由最先到达应收账款债务人的转让通知中载明的保理人取得应收账款。④既未登记也未通知的，按照保理融资或者服务报酬的比例取得应收账款。

> 作为"帝王条款"的诚信原则,重出江湖。是否构成"跳单",取决于当事人行为是否符合"跳单"的实质要求。

五十四、签约其他中介,就不构成"跳单"?

【案例54】

2019年1月,甲(卖房人)、乙(买受人)与丙(中介)三方签订《中介服务合同》,约定:①甲乙双方共同委托丙作为中介。②甲乙双方签订《房屋买卖合同》(以下简称《买卖合同》)时,中介行为完成;甲乙双方各向丙支付报酬10万元。③甲乙双方如利用丙方提供的中介服务,私自或另行通过其他中介签署《买卖合同》,甲乙双方应当承担违约责任,丙有权要求甲乙双方支付本合同约定的全部报酬。同日,甲、乙双方在丙中介服务下签订《买卖合同》,约定购房款为990万元,乙向甲支付了定金,向丙支付了10万元报酬。

2019年9月3日,乙称其无力支付购房款,甲、乙、丙三方签订《解约协议书》,约定:与案涉房屋相关的协议均解除;丙收到的报酬全部返还;本协议生效之日起一年内,甲乙双方不得以任何形式或通过任何渠道就上述房屋达成交易。如有违反,甲乙双方仍须各自向丙支付10万元报酬。

2019年9月6日,甲乙双方再次就案涉房屋签订《买卖合同》且已实际履行,该合同的房屋总价等内容与原合同一致。丙得知后,以"跳单"为由,要求甲乙按原约定各向其支付10万元报酬。乙称其并未"跳单"而是通过其他中介与甲签约,但未能提供相关证据。试问,甲和乙的行为构成"跳单"吗?

【新规】

第九百六十五条 委托人在接受中介人的服务后,利用中介人提供的交易机会或者媒介服务，绕开中介人直接订立合同的，应当向中介人支付报酬。

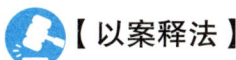【以案释法】

本则案例涉及的焦点问题是"跳单"的判定标准。

（一）"跳单"猜想

"跳单"又称为"跳中介"，多见于二手房屋买卖或租赁中介。有过这么一个案子，有个客户想买一套合适的二手房，委托中介多提供几套房源，中介也承诺会推荐到客户满意为止，双方签了《看房协议书》。不曾想第一套房源客户就很满意，更戏剧性的是看房过程中偶遇的房东，竟与客户是多年未见的二十年前的同桌好友。二位同窗好友就商量，咱们之间有啥不好说的，还要中介费干啥，纯属浪费，于是就找了个理由跳过中介直接签约，这就是典型的"跳单"，最直接的目的就是逃避支付中介费。

中介本身就靠自己的信息优势赚佣金，委托人还想逃中介费，那哪行！于是就在合同中约定，委托人不得以任何形式"跳单"，否则承担违约责任。中介的说法有其合理性，毕竟权利与义务相一致。问题是到底怎么样的行为构成"跳单"？比如，下图34中，买受人虽然跳过了中介1，但又同时委托了中介2，这样算"跳单"吗？

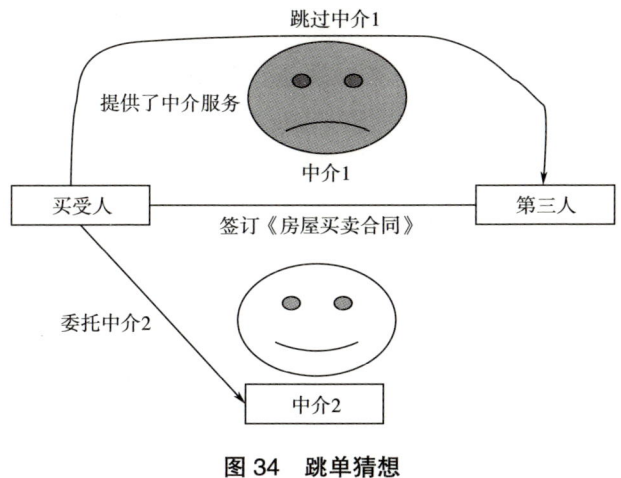

图34 跳单猜想

（二）"跳单"构成要件

《民法典》第九百六十五条规定，"委托人在接受中介人服务后，利用中介人提供的交易机会或者媒介服务，绕开中介人直接订立合同的，应当向中介人支付报酬"。这就是"跳单"条款，这个条款表示了两层意思：一是"跳单"的构成要件；二是构成"跳单"应向中介人支付报酬。我们先看"跳单"的构成要件。

第一，委托人接受了中介人服务。《中介合同》生效后，中介人提供了相关的中介服务，如提供相关房源信息、陪同实地看房、协助买卖双方商谈购房款等等，而委托人接受了该服务。这里需要注意的是，实务中签的协议名称有的称之为"看房协议书"，有的称之为"房地产求购确认书"，所以对于中介合同的认定，不能仅看合同的名称，还要看实质内容只要合同的实际内容提供的是交易机会或者媒介服务，就可以确认为中介合同。

第二，委托人与第三人合同的订立，主要是利用了中介人提供的交易机会或媒介服务。这个是判断是否构成"跳单"的关键因素。怎么理解呢？一般来说，只要合同的订立与中介（仅指被"跳单"的中介）提供的服务具有因果关系，不论委托人是私下直接与第三人订立合同，还是通过其他中介与第三人订立合同，都认为构成"跳单"。如果委托人认为该合同的订立是利用其他中介人提供的服务，则应承担举证责任。换句话说，判定是否构成"跳单"的关键因素，在于是否利用了被"跳单"中介人提供的交易机会或者媒介服务，至于是否存在其他中介人，并不是判定的关键因素。

第三，委托人绕开中介人直接订立合同。委托人绕开的这个"中介人"指谁？是被"跳单"的中介，因而实务中，委托人"跳单"主要有两种形式：一种是直接与第三人私下订立合同；另一种是通过其他中介人与第三人订立合同。

（三）构成"跳单"应支付报酬

明白了"跳单"的构成要件，接着说"跳单"条款的第二层意思，即构成"跳单"应向中介人支付报酬。"跳单"行为违背诚信原则，为鼓励诚信交易，"跳单"条款明确规定，"跳单"之后，委托人仍须向中介人支付报酬。

（四）法律的具体适用

回到案例54。通过案例解读法律的具体适用。

我们具体分析一下甲和乙行为是否构成"跳单"。

首先，甲和乙接受了丙（即被"跳单"中介）的服务，并在丙的中介下，签订《买卖合同》并实际履行，如乙向甲支付了购房定金。其次，甲乙双方重新签订的《买卖合同》，实际也是利用了丙提供的中介服务。原合同解约的理由是乙称其无力支付购房款，但仅在3天之后，甲乙就同一套房源重新签订《买卖合同》就不合常理，更关键的是乙未能就这一次的重新签约是利用其他中介机构而非原中介的服务提供充分证据予以证明。因而，即使甲辩称有其他中介机构，也不影响"跳单"行为的成立。最后，甲和乙的行为，属于绕开被"跳单"中介丙直接订立合同的行为。据此，甲乙的行为符合"跳单"的构成要件，属于"跳单"。

甲乙双方行为构成"跳单"，因而应向丙支付报酬。丙要求按照《中介服务合同》约定的金额支付报酬，《中介服务合同》是三方共同达成，能够体现丙应取得的报酬标准，同时三方亦在《解除协议书》中对此情形进行了同样的约定，是三方共同真实的意思表示，因而，甲和乙应各向丙支付10万元报酬。

> 实名制客票丢失后补票不再收取补票款，此权利来得并不容易。

五十五、补办丢失的实名制客票，补票不补款？

【案例 55】

甲和乙相约一起外出旅游，购买了二张实名制的动车票。快上车的时候，甲发现车票找不到了，一边忙着去补票，一边念叨说自己真是个散财童子，还没出发，光补票几百元又没了。乙听了哈哈大笑，说，"放心，补票不收你票款"。甲有点不相信，原来好像是按原价补票的啊！试问，补票真的无须再支付票款吗？

【新规】

第八百一十五条第二款 实名制客运合同的旅客丢失客票的，可以请求承运人挂失补办，承运人不得再次收取票款和其他不合理费用。

【以案释法】

本案涉及的焦点问题是补办丢失的实名制客票是否须重新支付票款。

（一）补票之痛

记忆中，没实行客票实名制之前，丢失客票，不论是上车前还是乘车后出站前都是要补票的，补票款是按原价；后来实行实名制客票，人（身份证）票（车票）合一，但丢失客票仍是要补票的，补票款仍是按原价。就补办丢失车票能否收取票款，也发生过一些诉讼，有的还是公益诉讼，但总体效果并不太理想，承运人对该问题并未松口。

（二）补办丢失车票不再收取票款

关键时刻，睿智的民法慈母说话了："客票实名制，都是有据可查的。就像在医院看病，医生开了药，把结算单给你，结果你不小心把结算单弄丢了，配不了药，你只需让医生重新给你打印一份就可以了，但医生不会再让你付一次药费，是不是？因为可以查询到这笔药费已经支付。实名购票也是一样的道理。"因而，《民法典》第八百一十五条第二款规定，"实名制客运合同的旅客丢失客票的，可以请求承运人挂失补办，承运人不得再次收取票款和其他不合理费用"。

回到案例55。甲丢失实名制客票，甲可以凭自己的有关身份证件、购票成功的电子信息等，向承运人申请挂失补办，承运人补办丢失的客票，不得再次收取票款。的确如乙所言，补票不补款！

（三）补办丢失车票不得收取不合理费用

另外还有一点需要注意，根据《民法典》第八百一十五条第二款规定，补办丢失的车票，承运人除了不得再次收取票款外，同时，也不得收取其他不合理的费用，比如高额的手续费。

> 关于法定保管的规定，既体现了保管人的担当，也避免了许多无谓争议。

五十六、寄存的水果不翼而飞，超市要赔偿吗？

【案例 56】

甲到乙（超市）购物，把刚在水果店买的一袋水果存放在指定的寄存柜内，同时收到一张取物的密码纸。购物结束，甲去取寄存的水果。奇怪的是密码纸失灵了，打不开相应的寄存柜，甲之后在工作人员的帮助下，打开了寄存柜，但柜内空空如也，不见水果踪影。甲认为乙保管不善，要求乙赔偿；乙以其提供的寄存服务属于借用合同为由拒赔。试问，乙对不翼而飞的水果，要承担赔偿责任吗？

【新规】

<u>第八百八十八条第二款　寄存人到保管人处从事购物、就餐、住宿等活动，将物品存放在指定场所的，视为保管，但是当事人另有约定或者另有交易习惯的除外。</u>

【以案释法】

本则案例涉及的焦点问题是甲寄存水果的行为与超市究竟构成保管还是借用关系。

（一）寄存物品的法律性质之争

生活中寄存物品的情形着实不少。超市购物要存包；开车到外面吃饭，也要找个有人看管停车位的饭店，以免爱车剐蹭；理发时，店主也会给提供个寄存衣物的小柜子等等。但对于商家提供的寄存服务的性质却是争议不断。顾客理所当然地认为双方成立的是保管合同，一旦保管的物品出现问题，商家当然要承担责任；商家却有不同意见，有的商家认为，寄存柜是无偿提供的，因而其与顾客之间是借用关系，既然是借用，是做好事，柜内物品丢失当然与商家无关；停车场的管理人员也认为，我可不是保管车辆，我是把这个车位临时租给你，我们之间成立的是临时租赁关系，收取的是临时场地使用费而非保管费。

（二）法定保管合同成立条件

为解决争议，《民法典》第八百八十八条第二款规定，"寄存人到保管人处从事购物、就餐、住宿等活动，将物品存放在指定场所的，视为保管，但是当事人另有约定或者另有交易习惯的除外"。该条款就是法定保管，根据该条款，法定保管合同成立需满足三个条件（见图35）：

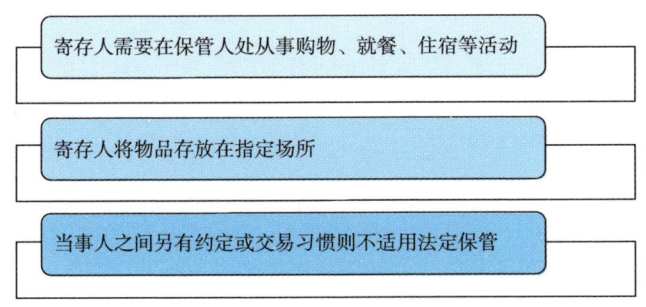

图35 法定保管合同成立条件

实务中，需注意两点：①寄存物品一定要存放到保管人指定的存放场所，如擅自存放至其他区域，双方不成立保管合同关系。②适用约定或交易习惯优先原则。即有约定或交易习惯，按约定或习惯。没有约定或交易习惯，才适用法定保管。

（三）保管人有过错应承担赔偿责任

回到案例56。甲到乙（超市）购物，将物品（水果）寄存在乙指定的寄存区，双方成立法定保管合同。甲购物结束，无法用密码纸打开相应的寄存柜，后在超市工作人员的帮助下，强行打开该寄存柜，但此时寄存物品（水果）不翼而飞。显然超市对于寄存的物品未尽到妥善保管义务。超市对此存有过错，应承担赔偿责任。

> 以足额赔偿损失为代价，赋予了当事人任意解除权，彰显了信任在委托合同中的地位。

五十七、委托合同的任意解除权，约定"排除适用"有效吗？

【案例 57】

甲（房产公司）与乙（销售公司）签订了《房产代理销售合同》（以下简称《代理合同》），约定甲委托乙代理销售甲开发的共计 51 套住宅项目，代理期限为自本合同签订之日起 2 年。代理期内，除非甲或乙违约，否则任何一方不得单方面终止本合同。合同签订后，双方的合作出现问题。2020 年 6 月，甲向乙发送《解除合同告知函》，明确解除双方签订的《代理合同》。乙向法院提起诉讼，请求确认《解除合同告知函》无效，要求甲继续履行《代理合同》。试问，约定的"任何一方不得单方终止合同"具有法律效力吗？

【新规】

<u>第九百三十三条　委托人或者受托人可以随时解除委托合同。因解除合同造成对方损失的，除不可归责于该当事人的事由外，无偿委托合同的解除方应当赔偿因解除时间不当造成的直接损失，有偿委托合同的解除方应当赔偿对方的直接损失和合同履行后可以获得的利益。</u>

【以案释法】

本则案例涉及的焦点问题是当事人对任意合同解除权是否可以约定排除

适用。

（一）委托合同的任意解除权与排除适用

委托合同很常见，比如委托法律服务、委托理财、委托创作、委托中介、商品房委托代理销售等。因委托服务具有很强的人身信赖关系，包括对专业主体的特定资质和能力，委托合同不同于其他的合同，对相互间的信任有较高的要求，因而法律赋予委托合同任意解除权，即不论是否有约定或法定的解除事由，只要信任关系不存在了，任何一方当事人均可解除合同，法律上称之为任意解除权。

委托合同的委托人往往担心受托人任意行使解除权而造成双方的委托关系不稳定，或为避免重新寻找委托人的麻烦，往往在委托合同中约定，无法定或约定解除事由，任何一方都不得单方面解除合同，相当于合同当事人通过约定的方式排除了任意解除权的适用。这种约定是否有效往往成了当事人争论的焦点。

（二）当事人约定不能排除法律适用

为平息争论，《民法典》第九百三十三条规定："委托人或者受托人可以随时解除委托合同。因解除合同造成对方损失的，除不可归责于该当事人的事由外，无偿委托合同的解除方应当赔偿因解除时间不当造成的直接损失，有偿委托合同的解除方应当赔偿对方的直接损失和合同履行后可以获得的利益。"根据该法条规定，明确了两项内容：

第一，当事人享有的委托合同任意解除权，即使通过约定排除适用，该约定亦无效。立法机关认为，委托合同的基础在于合同一方对另一方的信任，如果信任基础丧失，则应当允许解除合同。

第二，明确了赔偿损失范围，如果是无偿的委托合同的解除，则解除方应当赔偿因解除时间不当造成的直接损失；如果是有偿委托合同的解除，则解除方应当赔偿对方的直接损失和合同履行后可以获得的利益。根据该规定，可以平衡当事人双方的利益；尤其对有偿委托合同解除的赔偿范围包括合同履行后可以获得的利益，一方面可以保护非解除方的利益，另一方面对于解除方的任意解除权也是一种很好的限制。

（三）法律的具体适用

回到案例57。通过案例解读法律的具体适用。甲乙双方签订的《房产代理销售合同》属于委托代理合同，当事人约定"代理期内，除非甲或乙违约，任何一方不得单方面终止本合同"是对法律规定的委托合同任意解除权的排除适用，该约定因违反法律的规定而无效。因而，法院认为甲向乙发送《解除合同告知函》的行为是甲行使任意解除权，是有效行为。至于乙因解除合同行为所造成的损失，可依据相关法律规定另行主张权利。

> 立法者不厌其烦地规定承诺的法律效力，前有悬赏广告的承诺，现有物业服务人的承诺，希望大家都能坚守诚信。

五十八、承诺的物业费标准与备案不一致，以哪个为准？

【案例 58】

甲是桃园小区的物业，乙是小区的业主。乙自购房入住以来，一直按每月 1.98 元 / 平方米的标准缴纳物业费。2020 年 3 月，乙像往常一样交物业费，甲以物业费是 2.8 元 / 月而非 1.98 元 / 月为由拒绝收取。甲认为，原来同意业主按 1.98 元 / 月的标准交纳，是对没有欠费的业主按照优惠价（即按 1.98 元 / 月）收取，实际收费标准一直是每平方米 2.8 元 / 月。甲向主管部门备案的《前期物业服务合同》约定的物业费收费标准也是每平方米 2.8 元 / 月（注：备案材料中的备案申请表中所载明的申报物业费标准为每月 1.98 元 / 平方米），现小区绝大部分业主都是按照每平方米 2.8 元 / 月的标准交费。对甲的说法，乙不予认可。乙认为，甲制作的《物业管理公约》约定住宅的物业服务费价格为每月 1.98 元 / 平方米，该公约附则约定本物业管理公约由物业公司和每位业主各执一份；且选聘甲作为前期物业服务企业的开发商丁在《商品房现房买卖合同》中与业主明确约定，前期物业管理期间的物业服务收费价格为 1.98 元 / 月平方米。甲对《商品房买卖合同》的真实性认可，但认为该价格是开发商与购房者约定的，不能约束物业服务人，且物业公司最终的收费标准，应该以政府备案价格为准。试问，乙究竟应按什么标准支付物业费？

【新规】

第九百三十八条第二款　物业服务人公开作出的有利于业主的服务承诺，为物业服务合同的组成部分。

【以案释法】

本则案例涉及的焦点问题是承诺的物业费与备案标准不一致时的认定。

（一）认识物业服务合同

我们来到一个陌生的小区，门口是彬彬有礼的保安，里面绿荫环绕，整洁雅致，一切井然有序，定会由衷地赞叹一句："小区物业真不错。"

物业是随着居住方式的改变而发展起来的，独门独户时没有物业，后来大家住商品楼，商品楼的业主对自己的房屋等专有部分享有所有权，对专有部分以外的共有部分，比如楼道、电梯、建筑区划内的道路等，业主享有共有和共同管理的权利。业主人多事杂也都有自己的本职工作，加上物业的专业性也很强，通常情况下业主愿意出钱（物业费）委托专业的机构或人员来管理这类事务（自行管理也是完全可以的），物业服务企业就是在这种背景下产生的。

物业服务合同分前期物业服务合同和普通物业服务合同。前者是指建设单位与物业服务人订立的物业服务合同；后者是指业主委员会或者业主与物业服务人签订的物业服务合同。我们通常说的物业服务合同，如没有特别说明，一般指的就是普通物业服务合同。

既然物业服务合同是物业服务人接受委托，向全体业主提供物业服务，是否可以认为物业服务合同就是委托合同？继而在法律对物业服务合同相关事项没有规定时，直接适用法律关于委托合同的相关规定呢？

二者有相似的地方，但不同的地方更多：①物业服务合同一定是有偿的，业主要交物业费；委托合同可以有偿，也可以无偿。②物业服务人处理物业服务事项，一定是以自己的名义；委托合同的受托人处理委托事务，可以以委托人的名义，也可以以自己的名义。③物业服务人自行承担处理物业服务的法律后果；委托合同的委托人，承担受托人实施委托代理行为的法律后果。④物业服务合同的物业服务人独立处理委托事务，委托合同的受托人应按照委托人的指示处理委托事务。⑤业主不得在物业服务人以外再聘请其他物业服务人，否则将使物业服务无法开展；委托人经受托人同意，可以在受托人之外委托第三人处理委托事务。⑥物业服务合同的业主特定情况下对物业服务人有告知、协助义务。如业主装饰装修房屋，业主转让、出租物业专有部分、设立居住权或者改变共有部分用途。委托合同委托人无该义务。⑦委托合同的委托人和受托人都有任意解除权，双方任一方都可以随时解除合同；物业服务合同的当事人只可以随时解除不定期物业服务合同（尚需履行提前六十日书面通知对方的程序）。其他的物业服务合同，业主（指全体业主）经法定程序共同决定解聘物业服务人的，可以解除物业服务合同，物业则完全不享有任意解除权，这主要是考虑到物业服务人掌握信息优势，处于合同的有利地位，物业管理人在服务期限内要尽到一个善良管理人的职责。

　　平时看法条，单看某一类法条可能会比较枯燥，可以把几个类似的典型合同对照起来看。比如分析物业服务合同与委托合同，对比看法条不仅可以增加阅读法条的兴趣，而且经过对比阅读，不仅容易记住每类合同的特点，并且不易混淆对相似合同的不同规定。

（二）承诺的物业费与备案标准不一致时的认定

　　物业公司为了提高自身的竞争力，在宣传中公开作出某种服务承诺，或者在提供物业服务过程中做出某种服务承诺，比如承诺收到业主报修单的响应时间，由物业服务合同规定的24小时缩减到12小时，这些有利于业主的服务承诺，物业公司是否一定要遵守？

　　物业服务人做出的承诺，是其单方真实的意思表示，将该服务承诺作为物业服务合同内容并未超出物业服务人的预期，也没有额外增加义务，更何况物业服务人所做的服务承诺可能是业主之所以选择其作为物业服务人的很重要的参考因素，因而不将所做服务承诺作为物业服务合同内容有悖诚信原则。《民法典》第九百三十八条第二款对物业服务人做出的服务承诺作为服务合同的条件做了明确规定，即"物业服务人公开做出的有利于业主的服务承诺，为物业服务合同的组成部分"。根据该法条规定，物业服务人做出的服务承诺，要成为物业服务合同组成部分，须满足以下条件（见图36）：

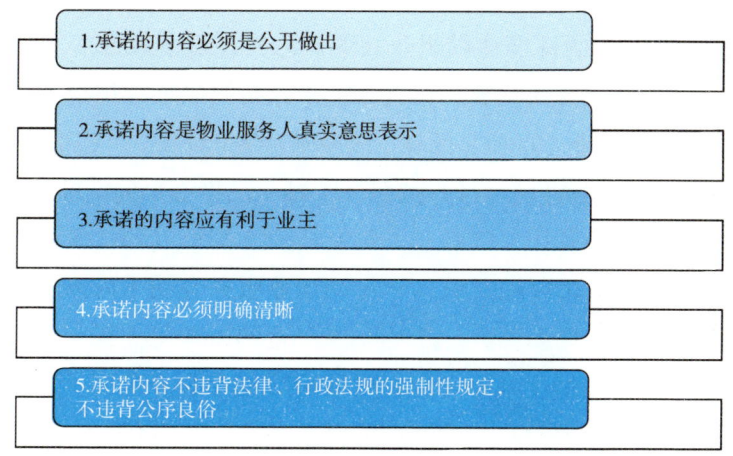

图36　物业服务承诺作为服务合同内容的条件

对这五个条件要注意两点：其一，承诺的内容必须是公开的，比如在小区的张贴栏内张贴；仅是私下对某个业主口头承诺，则不能认为是公开做出。其二，承诺内容必须明确清晰。比如仅承诺对小区加强安全管理，这就算不上明确清晰；如果改成进出小区必须出示相关证件，每天晚上增加一名保安巡逻，每日巡逻至少3次以上，这些标准就是清晰明确。

（三）法律的具体适用

回到案例58。通过案例解读法律的具体适用。

甲是桃园小区的物业，乙是桃园小区的业主，双方形成物业服务合同关系。案涉小区物业费的收费标准，甲向政府相关部门备案的标准存在自相矛盾：《前期物业服务合同》约定的物业费收费标准确实为每月2.8元/平方米；《备案申请表》所载明的申报物业费收费标准为每月1.98元/平方米。

甲单独制作的《物业管理公约》明确约定住宅的物业服务费价格为每月1.98元/平方米，该公约每位业主各执一份，且选聘甲作为前期物业服务企业的开发商丁在《商品房现房买卖合同》中与业主明确约定，前期物业管理期间的物业服务收费价格为 1.98 元 / 月平方米。另外，乙自购房入住以来直到 2020 年 3 月，一直按每月 1.98 元 / 平方米的标准缴纳物业费。该等证据表明，甲经开发商选聘，在物业服务合同缔结时向每一位业主以书面方式承诺按照每月 1.98 元 / 平方米的标准提供物业服务，乙一直是按该标准支付物业费直到 2020 年 3 月。根据《民法典》第九百三十八条第二款的规定，"物业服务人公开做出的有利于业主的服务承诺，为物业服务合同的组成部分"，据此，法院认为桃园小区的物业费标准应按每月 1.98 元 / 平方米的标准收取。

> 法律对物业服务事项转委托的规定，再一次体现了合同的相对性。

五十九、物业服务转委托造成业主损失，物业公司要承担责任吗？

【案例 59】

甲（业主）的房屋因小区水管爆裂而渗水，致使存放在家中的药材被水浸湿而造成5万元的损失，甲找到乙（物业公司），要求其承担违约责任赔偿5万元。乙表示已将小区的维修工程外包给丙公司，甲的损失应由丙赔偿。甲坚持要求乙赔偿。试问，乙是否应赔偿甲的损失？

【新规】

<u>第九百四十一条第一款　物业服务人将物业服务区域内的部分专项服务事项委托给专业性服务组织或者其他第三人的，应当就该部分专项服务事项向业主负责。</u>

【以案释法】

本则案例涉及的焦点问题是第三人不履行合同的责任承担。

（一）物业服务转委托

物业服务内容十分庞杂，且有些工作非常专业，比如小区的保安工作。因而，法律也允许物业公司将部分工作转委托给更专业的机构或人员来进行服务，如委托保安公司专门负责小区的安保工作，委托保洁公司负责小区的保洁工作等。

(二) 物业服务转委托

物业公司将部分专项服务委托给专业的服务机构，在法律上称为由第三人履行的合同，当第三人履行合同不符合约定时，根据合同的相对性原则，此时，应视为物业公司对业主的服务不符合约定，对此，《民法典》第九百四十一条第一款规定："物业服务人将物业服务区域内的部分专项服务事项委托给专业性服务组织或者其他第三人的，应当就该部分专项服务事项向业主负责。"

(三) 物业服务转委托的法律适用

回到案例59。通过案例解读法律的具体适用。乙将小区维修工程委托给丙公司，甲所在的楼房水管破裂而漏水，丙公司未能及时维修致使业主甲的房屋渗水，进而导致家中存放的药材损坏。如前所述，乙并不因此免除相关义务，乙应对甲损坏的药材负赔偿责任，乙再根据其与丙公司之间的相关约定，要求丙承担相应的违约责任。

> 知情权范围的认定，标准不能形式化，至少应保证业主依据物业公司提供的资料真正起到监督作用。

六十、对于共有部分收益支出的原始凭证，业主可以拍照查阅吗？

【案例60】

2019年1月，甲（桃园社区业主）与乙（物业）签订了《前期物业管理服务协议》。乙每年按约在小区公告栏张贴《物业公共收益及使用情况公示》，以列表形式公布了物业服务（管理）费收支明细和公共部分经营收支明细。因桃园社区尚未成立业主委员会，甲要求乙向甲公布自2019年以来业主共有部分的使用和收益所涉及的合同、收款凭证、银行交易明细等原始凭证，并允许甲查阅、复印和拍照。乙认为该部分内容已通过列表形式予以公布，甲的要求超出了知情权的范围。试问，甲的要求是否超出了知情权范围？

【新规】

<u>第九百四十三条　物业服务人应当定期将服务的事项、负责人员、质量要求、收费项目、收费标准、履行情况，以及维修资金使用情况、业主共有部分的经营与收益情况等以合理方式向业主公开并向业主大会、业主委员会报告。</u>

【以案释法】

本则案例涉及的焦点问题是业主对于共有部分使用和收益情况的知情权范围。

（一）业主知情权范围的争议

业主对小区最关心的可能就是业主共有部分的收入，因为这部分收入扣除成本费用后，归全体业主共有。因而，对于该部分的收入与支出明细，业主的要求当然是越详细越好。而物业很多时候给出的收支明细并不细致。在本案中，物业仅在小区公告栏中以张贴的方式公示了物业服务（管理）费收支明细和公共部分经营收支明细，而且该明细仅简单列明各项收入及支出的数额。小区业主的知情权及监督权显然难以通过该表落实。针对物业公司的这种情况，业主提出查阅、拍照、复印相关原始凭证的要求，物业予以拒绝，认为已超出业主知情权的范围。

（二）法律仅规定物业服务人以合理的方式公开相关信息

对于此类争议，《民法典》第九百四十三条规定："物业服务人应当定期将服务的事项、负责人员、质量要求、收费项目、收费标准、履行情况，以及维修资金使用情况、业主共有部分的经营与收益情况等以合理方式向业主公开并向业主大会、业主委员会报告。"根据该法条规定，法律认为应以"合理"的方式向业主公开；但对于何为"合理"方式，法律并未进一步明确规定。因而，对于何谓合理的方式，我们通过目的解释将该问题明晰。

物业向业主报告业主共有部分的经营与收益情况，是因为业主享有知情权和监督权。既然要行使监督权，业主就有必要知晓最基础的原始资料，要核实这些数据的真实性。现业主提出申请查阅、拍照、复印相关原始凭证等要求并没有超出业主行使知情权和监督权的必要范围，所以物业应同意业主的要求。

回到案例60。甲要求乙向其公布自2019年以来业主共有部分的使用和收益所涉及的合同、收款凭证、银行交易明细等原始凭证，并允许甲查阅、复印和拍照，这些都是行使监督权的必要条件，因而法院认为，甲的要求并未超出业主行使知情权和监督权的必要范围，乙应同意甲的要求。

下篇 合同的新常识

> 桥归桥，路归路，物业公司不能以断电等方式催交物业费。

六十一、不交物业费，电费充值每次只能充 10 元？

【案例 61】

甲（业主）与乙（物业）签订《物业服务合同》，因对乙的服务不太满意，未交本年度的物业费。这段时间，甲每天楼上楼下忙着到物业充值电费。原来，小区没有实行一户一表，供电合同是由乙与丙（供电公司）签订，业主用电须先充值（智能式预付用电卡，预付电费使用完毕即自动断电），充值金额原来并无限制，由业主自行决定。现物业规定，对拒绝支付物业费的业主，电费每次限充金额为 10 元。甲提出异议，认为自己不欠电费，乙无权断电。乙认为其并未断电而是限电。甲愤而向法院起诉，请求供电公司和乙向其恢复正常供电。试问，乙能否以限电方式催交物业费？

【新规】

<u>第九百四十四条第三款　物业服务人不得采取停止供电、供水、供热、供燃气等方式催交物业费。</u>

【以案释法】

本则案例涉及的主要问题是物业公司能否以限电方式催交物业费。

（一）物业服务合同和供电合同

物业费与电费，对应的分别是物业服务合同与供电合同。

物业服务合同签约主体是物业和业主，业主未交物业费，物业完全可以通过司法途径维权。

供电合同的签约主体应该是供电方和业主。如果小区尚未实行一户一表，则供电合同的签约主体有可能是供电方和物业公司（如本案例）。但不论是哪种供电方式，供电方始终是供电公司，因而即使要断电，享有断电权的主体只能是供电公司，而非物业公司。更何况，本案例既不存在欠交电费，供电方也一直在正常供电（见图37）。

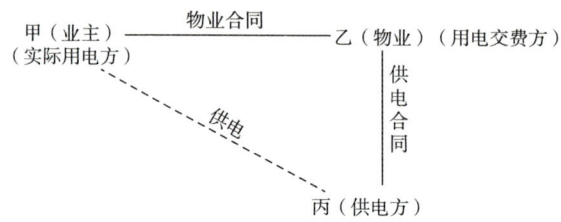

图37 供电方、物业、业主三方关系

（二）物业公司无权限电

乙之所以限制业主的电费充值金额，其目的在于捆绑电费与物业费，通过限制电费充值金额的方法来催收物业费。对此，《民法典》第九百四十四条第三款明确规定，"物业服务人不得采取停止供电、供水、供热、供燃气等方式催交物业费"。法律这样规定主要基于三点理由：其一，桥归桥，路归路。物业合同与供电（水）合同是完全不同的合同，物业公司也并非供电方、供水方，物业公司无断电断水的权利。其二，水、电是最基本也是最重要的民生保障，物业公司不能利用其自身优势，通过断水、断电这一类影响民生最基本权利的方式来催收物业费。其三，法律对于禁止催收的措施采用了列举加兜底的方式，因而法律禁止催收的红线是只要与断电、断水性质相同的都是不允许的。

回到案例61。甲欠物业费，乙规定每次电费充值只能为10元，显然是以采取限电方式催交物业费。限电与断电的性质一样，都影响了甲的最基本的用电权，因而物业公司采用限电的方式也属于法律规定的禁止催收的方式。而丙自始一直正常供电，并无过错，因而，法院也是判决乙对甲的电费充值金额解除限制。

（三）物业公司采取断电等措施构成侵权

最后说明一点，即使物业服务合同约定业主不交物业费，物业可采取停水、停电等措施催收物业费，这种约定也会因为违反了法律的禁止性规定而无效。物业公司如仍剑走偏锋，继续通过这类方式催收物业费，给业主造成损失，将承担相应的侵权赔偿责任。

> 出资方式上，民事合伙与商事合伙均认可劳务出资。

六十二、民事合伙能否以劳务出资？

【案例 62】

甲和乙合伙开一家水果店，双方签订了合伙协议，约定出资金额共计 10 万元，其中甲以现金出资 5 万元，乙以劳务（销售渠道）出资（作价）5 万元。过了一段时间，水果店运营资金有些紧张，甲认为乙的劳务（销售渠道）出资并未产生实际效益，因而要求乙也以现金出资 5 万元。乙拒绝。试问，乙以劳务出资 5 万元的约定是否有效？

【新规】

第九百六十八条　合伙人应当按照约定的出资方式、数额和缴付期限，履行出资义务。

【以案释法】

本则案例涉及的焦点问题是民事合伙能否以劳务出资。

（一）认识民事合伙

本次《民法典》合同编新增了四类典型合同，其中一类是合伙合同。有些朋友可能会觉得奇怪，因为我国已经有一部法律叫作《中华人民共和国合伙企业法》（以下简称《合伙企业法》），该法律对合伙的相关内容都已经做了非常详细的规定，为什么《民法典》又要规定合伙合同，其中的缘由是什么？

　　法律做这样的安排，显然不会多此一举，其中的缘由在于立法机关的思路是不同的合伙组织形式交由不同的法律调整。具体来说，商事主体的合伙企业（指经过登记的合伙企业，法律性质上属于非法人组织）由《合法企业法》进行调整；而未成立合伙企业的民事合伙（指当事人签订了合伙合同，但没有去登记的合伙）是基于合伙合同形成的合伙，虽具有一定的组织，但相较于合伙企业，组织相对松散，法律性质上也不具有民事主体资格，这类合伙就由《民法典》合同编的合伙合同加以规范。现在，我们明白了《民法典》合同编所调整的就是无民事主体资格的未经登记的民事合伙（本书如无特别说明，合伙均指民事合伙）。

　　民事合伙，顾名思义，合伙人必须是两个以上，当事人之间是为了共同的事业目的设立民事合伙，比如共同经营水果店、共同跑运输、共同经营餐馆、共同做项目、共同经营微信公众号等等。正因为各合伙人之间具有共同的事业目的，是合作共赢的关系，因此各合伙人之间的关系即为"一荣俱荣，一损俱损"（共享利益，共担风险），可见，合伙人之间具有很强的人合性。国有企业、国有独资公司、上市公司、公益性的事业单位和公益性的社会团体，这五类民事主体都不能成为民事合伙的合伙人。如前所述，民事合伙的合伙人之间共担风险，每个合伙人都要对合伙债务承担无限连带责任。如果国有企业、国有独资公司、上市公司成为民事合伙的合伙人，就要以其全部财产对合伙债务承担责任，这不利于保护国有资产和上市公司股东的利益；而对于从事公益性活动的事业单位和社会团体，如果其自身财产都用于承担合伙债务了，显然不利于公益性事业的健康发展。

（二）民事合伙的出资方式

　　民事合伙虽然未经登记，但经营事业必然需要一定的经济基础，合伙人的出资是合伙得以形成和正常经营的基础。《民法典》第九百六十八条规定，"合伙人应当按照约定的出资方式、数额和缴付期限，履行出资义务"。根据该规定，法律将合伙人的出资方式交由合伙人在合伙合同中约定，合伙合同一旦确定了合伙人的出资方式，各合伙人即负有按合伙合同确定方式履行出资的义务。

一般来说，合伙人的出资方式主要包括货币、实物、知识产权、土地使用权、劳务以及其他财产权（如股权、林地使用权）。其中劳务出资，是指将某一特定人的劳务（如管理技能、销售渠道、烹饪技艺等等），看作一种财产权利而允许其作为对合伙的出资方式。这里要注意一点，由于劳务出资不是有财产的出资，其价值具有不确定性，因而，对于合伙人劳务出资的作价评估方法，由全体合伙人协商确定，并在合伙协议中载明。这样既能维护劳务出资者和其他合伙人的合法权益，同时也能避免今后产生不必要的纠纷。

（三）法律的具体适用

回到案例 62。通过案例解读法律的具体适用。

甲和乙开设水果店，双方签订了合伙协议，但未进行登记，双方之间形成的合伙性质属于民事合伙。合伙协议约定出资金额共计 10 万元，其中乙以劳务（销售渠道）出资，劳务作价 5 万元。据此可知，关于乙的劳务作价评估办法是经全体合伙人协商确定，并已在合伙协议中载明，该约定具有法律效力，甲无权以劳务出资未产生实际效益而要求乙重新以现金出资。

> 合伙合同是否明确约定了合伙的利润分配与亏损分担的规则,直接关系着合伙事业能否更上一层楼。

六十三、合伙合同未约定利润分配方式,利润如何分配?

【案例63】

2020年3月25日,甲向乙购买六只布偶猫幼猫,并于同日通过微信向乙支付购猫款13 000元。因幼猫还小,甲将其留在乙处由乙代为饲养。后双方在微信聊天记录中达成一致合伙意见,即甲投入购买猫的款项,乙则提供技术饲养猫。甲于2020年3月26日通过微信向乙支付3 600元猫粮款用于养猫。后因猫粮款不足,乙也出了10 000元购置猫粮,对该等费用,甲予以认可。2020年8月,案涉幼猫被乙以40 000元价格出售。对于幼猫出售后的利润分配,双方发生分歧。甲要求扣除成本后,双方平均分配;乙则认为利润分配其至少应占有六成,理由就是不论是平时的饲养还是找买主谈价格,均是乙一个人独立完成。试问,合伙合同未约定利润分配方式时,应如何分配?

【新规】

第九百七十二条　合伙的利润分配和亏损分担,按照合伙合同的约定办理;合伙合同没有约定或者约定不明确的,由合伙人协商决定;协商不成的,由合伙人按照实缴出资比例分配、分担;无法确定出资比例的,由合伙人平均分配、分担。

【以案释法】

本则案例涉及的焦点问题是民事合伙利润分配规则。

（一）关于合伙的利润分配

合伙的利润分配，是指合伙的生产经营获得的收入，扣除成本后所得的利润，在各合伙人之间进行分配。为什么说一定要在合伙合同中写明合伙的利润分配和亏损分担方式呢？司马迁所著《史记》，有一篇叫作《货殖列传》，其中有一句话，"天下熙熙皆为利来，天下攘攘皆为利往"，说的是天下芸芸众生为了各自的利益而奔波。民事合伙也一样，各合伙人为了共同的目的而合伙，当然是希望能共同做一些事业，取得一些收益，并对这些收益在各合伙人之间进行合理的分配。但何谓合理，每个合伙人有不同的认知。为了避免纠纷，最好的办法就是经全体合伙人共同决定，在合伙合同中写明利润分配和亏损分担的具体规则。这样，合伙事业不管最后是赚钱还是亏损，各位合伙人只要按照合伙合同约定的相关规则执行就可以了。

如果各位合伙人共同约定，将合伙的全部利润分配给部分合伙人，或由部分合伙人承担全部损失（狮子合伙），这样的约定是否有效？答案是无效的。因为合伙的本质是"一荣俱荣，一损俱损"，合伙人之间是相互捆绑的利益共同体，合伙人共同约定利润分配和亏损分担的规则也不能脱离这个前提。

（二）合伙利润分配的具体规则

实务中，由于民事合伙的合伙人很多都是自然人，本身也没有太多的商务经验，合伙合同没有约定合伙利润分配和亏损分担方式的情形也很常见。为了弥补合伙人预见风险能力的不足，《民法典》第九百七十二条规定，"合伙的利润分配和亏损分担，按照合伙合同的约定办理；合伙合同没有约定或者约定不明确的，由合伙人协商决定；协商不成的，由合伙人按照实缴出资比例分配、分担；无法确定出资比例的，由合伙人平均分配、分担"。根据该规定，民事合伙利润分配和亏损分担顺序如下（见图38）。

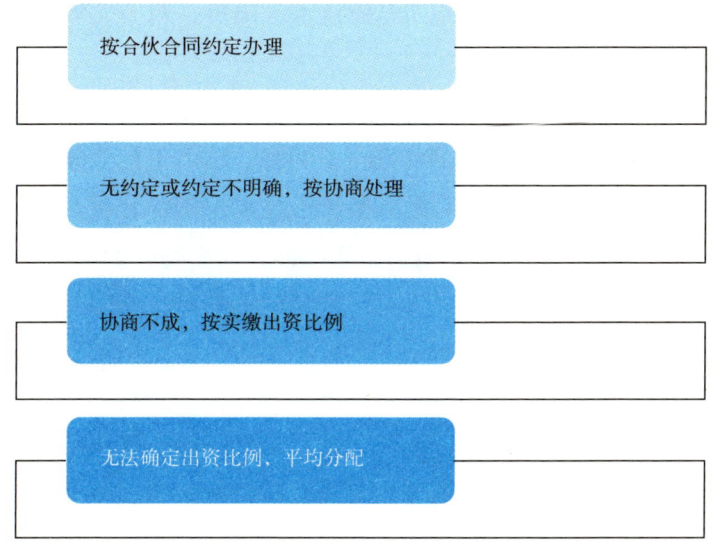

图 38　合伙合同利润分配与亏损负担的顺序

上述四种规则中，其中前两种是根据合伙人的协议、协商解决，后两种是由法律规定的一般原则。具体适用时，尤需注意以下三点：

其一，对合伙的利润分配规则没有约定或约定不明确时，要充分发挥民主，充分尊重合伙人的意思，充分体现意思自治，尽量由合伙人协商作出决定。

其二，如果合伙人经过协商，分歧仍然很大，不能达成一致意见，分配规则就转到第三种，即按各合伙人的实缴出资比例进行分配，注意，这里的出资比例是实缴的出资比例，而不是合伙人在合伙协议中约定的应当出资而未实际缴付的。比如，合伙人 A 约定的出资比例是 10 万元，实际缴付了 3 万元，那就按 3 万元计算出资比例进行利润分配。

其三，如果合伙人之间的出资比例也无法确定（如有的合伙人是劳务出资但没有对该劳务进行评估），就只能由合伙人平均分配（亏损分担也是同样的原则）。

（三）法律的具体适用

回到案例 63。通过案例解读法律的具体适用。

首先，确定甲、乙之间的法律关系。甲、乙的微信聊天内容显示，双方约定甲以购猫款出资，乙以劳务（养猫技术）出资，双方之间成立宠物饲养的合伙关系。

甲乙在合伙协议中，未对合伙利润分配作出约定，且双方经协商，分歧仍然很大（甲要求平分，乙要求四六分），另外，乙由于是劳务（技术）出资，双方对该劳务也未进行估价，也无法衡量乙技术出资的比例，民事合伙的利润分配前三种规则都不适用，只能适用第四种，即平均分配。

> 对外承担责任的方式，民事合伙与商事合伙有显著的区别。

六十四、民事合伙的合伙人，对合伙债务承担连带责任？

【案例64】

2019至2020年，甲与乙签订合伙协议，共同经营一个火锅店。该火锅店经营所需的牛羊肉统一从丙处采购。截至2020年底，该火锅店共欠丙货款8 000元。丙向法院起诉，要求甲清偿8 000元。甲认为该8 000元系火锅店的债务，应由合伙人平均分担，且另一合伙人乙也同意清偿其中的4 000元。丙无权仅要求甲一人承担所有的债务。试问，甲对合伙债务是否承担连带责任？

【新规】

第九百七十三条　合伙人对合伙债务承担连带责任。清偿合伙债务超过自己应当承担份额的合伙人，有权向其他合伙人追偿。

【以案释法】

本则案例涉及的焦点问题是合伙人对合伙债务的清偿规则。

（一）认识合伙债务

所谓合伙债务，是指合伙人因经营合伙事业而负的债务。合伙债务产生的原因，常见的如合伙或合伙人为共同的事业目的，与第三人签订合同而产生的合同之债，又或者合伙人在执行合伙事务过程中侵犯第三人合法权益所产生的侵权之债。承担合伙债务的财产范围包括合伙财产和每个合伙人的个人财产。那么，用于承担合伙债务的合伙财产和合伙人的个人财产，清偿顺序上是否有先后之分？

（二）合伙债务清偿规则

相信有不少朋友认为清偿顺序是有先后之分的，理由是《合伙企业法》规定的合伙企业的债务清偿顺序就是必须先以合伙企业的全部财产清偿，当合伙企业的财产不足以清偿到期合伙债务时，再由合伙人以其所有的其他财产进行清偿。

这个观点是不对的。我们必须注意，民事合伙与商事合伙有一个显著的区别，就是对外承担债务的方式不同。对此，《民法典》第九百七十三条明确规定，"合伙人对合伙债务承担连带责任。清偿合伙债务超过自己应当承担份额的合伙人，有权向其他合伙人追偿"。该规定包含两层意思：其一，合伙人对外承担连带责任；其二，合伙人对内按照份额承担清偿责任。

我们先看第一层意思。这个法条的第一句话就是"合伙人对合伙债务承担连带责任"，各位是否还记得连带之债的清偿规则。它的清偿规则就是连带之债的债权人可以请求部分或全部债务人履行全部债务，换句话说，民事合伙的债权人对于承担合伙债务的主体享有选择权，债权人可以直接要求其中任何一个或者数个合伙人清偿所有合伙债务，合伙人不得拒绝。

法律这么规定的理由主要有两方面：一方面，如前所述，民事合伙不同于合伙企业，民事合伙不具有民事主体资格，这对债权人来说意味着较大的风险，而规定合伙人承担连带责任，可以扩大合伙人对于合伙债务的履行担保，对债权人的债权能起到很好的保障作用；另一方面，对于合伙人来说，规定合伙人的连带责任虽然增加了合伙人的风险，但同时也增加了合伙的对外信誉，也正因为如此，民事合伙才会有更多的交易机会、更好的发展前景。因而，规定合伙人对合伙债务承担连带责任，不论对于合伙人还是债权人，都是公平合理的。

再看第二层意思。合伙人对内按照份额承担清偿责任。按怎样的份额承担？就按我们在上一个新常识说过的，合伙的利润分配和亏损分担的顺序，有约定按约定；无约定或约定不明，则协商；协商不成，按实缴出资比例；无出资比例，平均分配或分担。

（三）法律的具体适用

回到案例64。通过案例解读法律的具体适用。

首先，确定甲和乙的法律关系。甲、乙合伙开一家火锅店，未依法进行登记，法律性质上属于民事合伙。

其次，合伙人对外承担合伙债务的方式。现火锅店欠丙牛肉款计8 000元，由于合伙人对合伙债务承担连带责任，对于该笔合伙债务，债权人丙既可以要求全部合伙人共同清偿，也可以要求其中任何一个合伙人清偿。现丙要求合伙人甲清偿全部的8 000元债务，符合法律相关规定，甲应全额清偿该债务。

最后，合伙人对内按份额承担清偿责任。甲向丙清偿了全部8 000元债务，因甲、乙对该8 000元的债务分担，协商结果为各清偿4 000元，甲对超出其承担份额的债务（4 000元），有权向乙追偿。

> 合伙虽具有很强的人合性,但合伙人的债权人并非对合伙人所有的权利均不能行使代位权。

六十五、合伙人的债权人,能否代位行使合伙人的权利?

【案例65】

2015年8月,甲(城投公司)与乙(矿产投资公司)签订合同,约定由乙承建某文化广场建设工程项目。工程开工后,乙将该项目的土石方工程交由丙投资承包,双方于2015年9月签订了土石方投资施工合同,主要内容为丙作为土石方工程项目的实际投资人和施工人,负责组织人员、筹措资金、独立完成工作任务,自主经营,自负盈亏,乙收取工程总价款5%的管理费。丙邀请丁、戊等人合伙投资该项目,其中丙出资1200万元,丁出资400万元,戊出资400万元;上述各方未签订书面合伙协议,口头约定,按实缴出资分配利润分担亏损。分配利润时间为每收到一笔利润即进行分配。2016年11月,案涉土石方工程项目(以下简称"案涉工程")完成。2016年12月底,丙收到案涉工程全部利润600万元。

另2013年至2014年,合伙人丁曾向案外人庚借款120万元,一直未能归还借款,影响债权人庚的到期债权实现。2017年2月,庚向法院提起诉讼,请求代位行使丁对案涉工程的利益分配请求权。丙认为基于合伙合同的人合性,庚无权代位行使合伙人的权利。试问,丁在合伙中所享有的利益分配权,庚有无权利代位行使?

【新规】

第九百七十五条 合伙人的债权人不得代位行使合伙人依照本章规定和

合伙合同享有的权利，但是合伙人享有的利益分配请求权除外。

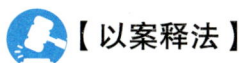【以案释法】

本则案例涉及的焦点问题是合伙人的债权人代位行使合伙人权利的相关规则。

（一）合伙人的债权人与代位权

各位是否发现一个有趣的现象，就是新常识越说到后面，我们碰见老朋友的概率就越多，上一个新常识我们碰到了连带之债，这一个新常识，我们又遇见了代位权。

我们先简单回忆一下，何谓代位权。所谓代位权，是指债务人怠于行使其债权或者与该债权有关的从权利（主要是指担保权利，包括担保物权和保证），影响债权人的到期债权实现的，债权人可以向人民法院请求以自己的名义代位行使债务人对相对人的权利，但是该权利专属于债务人自身的除外（各位如果有些忘记，可以翻看第14个新常识）。

合伙人的债权人，是指合伙人在合伙以外以自己的名义，为自己的目的所从事的经营或交易等民事活动产生的有关债务，该债务属于个人债务，与合伙无关，应由合伙人自行偿还。比如合伙人个人买房，向第三人借款100万元，该100万元的债务并非合伙债务，而是属于合伙人个人债务。如果这个合伙人自身无其他财产可供清偿个人债务，则合伙人的债权人能否代位行使合伙人对合伙的权利，从而实现其债权呢？

（二）合伙人的债权人行使代位权的相关规则

根据代位权的定义，合伙人的债权人能否代位行使合伙人对合伙的权利，取决于该权利是否属于合伙人专有。对此，《民法典》第九百七十五条明确规定，"合伙人的债权人不得代位行使合伙人依照本章规定和合伙合同享有的权利，但是合伙人享有的利益分配请求权除外"。法律这么规定的原因与民事合伙的性质有关。如前所述，民事合伙的成立是基于合伙人之间的相互信任和了解，合伙具有非常强的人合性，每个合伙人对外都有代表合伙的权利，各个合伙人之间可以相互代理，因而，对于合伙人基于合伙关系或者合伙合同取得的具有专属权性质的权利，合伙人的债权人不享有代位权，该类权利如表决权、合伙事务的执行权、非执行事务合伙人的监督权、合伙财产的份额转让权。

对于合伙人的利益分配请求权，为什么允许合伙人的债权人行使代位权呢？本法条所指的利益分配请求权，是指合伙人根据合伙合同约定或者合伙人一致决定，对合伙存续期间的利润分配请求权。利益分配请求权在性质上不属于债务人的专属权，债权人代位行使该权利，既不会影响合伙的人合性和组织性，也不影响合伙经营，同时，也不会减少合伙的财产，因而，只要符合代位权行使条件，法律允许合伙人的债权人代位行使该合伙人基于合伙享有的利益分配请求权。

（三）法律的具体适用

回到案例65。通过案例解读法律的具体适用。

首先，判定丙、丁、戊是否成立合伙。丙邀请丁、戊共同投资案涉工程，丙投资1 200万元，丁、戊对该项目各实际投资400万元，各方虽未签订书面的合伙协议，但各方基于共同的事业目的（即共同投资建设案涉工程），且均进行了出资，口头约定了利润分配风险负担的方式（按实缴出资分配利润分担亏损，分配利润时间为每收到一笔利润即进行分配），据此，丙、丁、戊之间成立民事合伙。

其次，丁是否怠于行使债权。案涉工程已完工，丙收到案涉工程全部利润600万元。根据合伙人口头约定，该笔利润2016年底就应进行分配，但实际上直到2017年2月仍未分配，丁也从未要求分配该利润，丁存在怠于行使债权的情形。

再次，丁怠于行使债权，是否影响庚的到期债权实现。2013年至2014年，合伙人丁曾向案外人庚借款120万元，一直未能归还借款，丁怠于行使债权的行为影响庚到期债权的实现。

最后，利益分配请求权是否属于合伙人专属权。该权利并不属于合伙人的专属权，债权人行使合伙人的利益分配请求权，并不会影响合伙的人合性和组织性，也不会减少合伙财产，对合伙经营并无害处。

综上，庚可代位行使丁对案涉工程的利益分配请求权。

> 要让美好的道德风尚传承下去，仅靠道德约束是不够的，有法律的保障才更有底气，也才能走得更远。

六十六、被救助的纯血马死亡，救助人应承担赔偿责任吗？

【案例66】

2020年9月9日，风雨交加。甲丢失一匹纯血马并报案。某村东头有一匹马虚弱地趴在水泥路旁的泥水中，无法站立，腿部、眼部有着明显血迹。养马的村民乙见状，担心马匹被冻死，立即招呼其他村民，用铲车将受伤的马匹挪到一侧可以避风雨的胡同里，并通过广播站、派出所寻找失主。在未找到失主之前，乙对马匹悉心照看并喂食。很快，失主得到消息找回马匹。三天以后，马匹死亡。甲向法院起诉，认为马匹死亡与乙不当施救有关（用铲车搬运），请求乙赔偿50万元。乙认为自己是基于良好的道德风尚实施的求助行为，是典型的无因管理，无须赔偿。试问，马匹死亡乙应承担赔偿责任吗？

【新规】

第九百七十九条第一款　管理人没有法定的或者约定的义务，为避免他人利益受损失而管理他人事务的，可以请求受益人偿还因管理事务而支出的必要费用；管理人因管理事务受到损失的，可以请求受益人给予适当补偿。

【以案释法】

本则案例涉及的焦点问题是管理人管理事务承担责任的条件。

（一）关于准合同

本次《民法典》编纂，把无因管理和不当得利作为准合同，放入合同编的第三分编。无因管理和不当得利与合同没有关系，其实是与合同平起平坐的兄弟，再加上侵权责任，这四个兄弟，共同的上级就是债。现在《民法典》立法仍是侵权责任编与合同编平级，作为《民法典》的第七编；合同编通则起债法总则的功能。这样一来无因管理与不当得利的安放就存在问题了。相比较而言，还是放在合同编较为妥当，将其作为合同编的子目录，名称上冠以准合同以区别于真正的合同。

（二）认识无因管理

社会生活中，常常会感受到普通人之善良与勇敢。比如：孩子走丢，市民发现立即报警并在警察到来之前照看孩子；有人不慎落水，多名群众合力救人；房屋突然发生火灾，邻居帮忙灭火；发现有年迈老人一直按自家门铃，并称自己就是住这里的，耐心细致问清原因后把老人送回家。然而，有时候做好事却招来麻烦：施救者在救助过程中不小心把被救者弄伤了，被救者要求施救者赔偿；某人尽全力帮邻居突然起火的房屋灭火，无奈火势太大，结果不仅房屋全部烧毁，某人也受伤了花了不少医药费，请求邻居补偿点医药费，邻居却说："房都没了，还让我赔医药费，你觉得合适吗？"

是否真的只能让英雄流血又流泪，让各人只扫门前雪？关键时刻，睿智的民法慈母又发话了："法律上有一个无因管理的规定，就是专门鼓励助人为乐、危难相助、见义勇为这些行为的。要让美好的道德风尚传承下去，仅靠道德约束是不够的，法律不能缺位。有法律的保障，才更有底气，才能走得更远！"

（三）无因管理构成要件

《民法典》第九百七十九条第一款规定："管理人没有法定的或者约定的义务，为避免他人利益受损失而管理他人事务的，可以请求受益人偿还因管理事务而支出的必要费用；管理人因管理事务受到损失的，可以请求受益人给予适当补偿。"该条款包括了两层意思：一是无因管理的构成要件，二是管理人所享有的权利。

先分析无因管理的构成要件。无因管理虽然是法律所鼓励的合法的行为，但毕竟有干涉他人事务的特征，为厘清其内涵，法律规定其构成要件：

其一，管理人对所管理事务既未受委托，也无义务。

其二，管理人实施了管理他人事务的行为。这里要注意的一点是，管理他人事务的目的是否达到，不影响无因管理的成立。

其三，管理人具有管理他人事务的意思。即管理人之所以管理他人事务，有为他人谋取利益的意思，或者说，有把管理行为所产生的利益都归于他人的意思。

接着，我们继续往下看，管理人的行为一旦被认定为构成无因管理，则其享有两项权利：①请求受益人偿还必要费用的权利；②补偿管理人因此所受到的损失。

（四）法律的具体适用

回到案例66。通过案例解读法律的具体适用。

先分析乙的行为是否构成无因管理。①乙与丢失的马匹显然无任何关系。②乙实施了救助马匹的行为。乙在雨天发现受伤的马匹，怕其冻死，与村民用铲车将趴在泥水里的马匹挪到可避风雨的胡同，并对其照看喂食。③乙具有管理他人事务的意思。乙救助马匹并非为其自身利益，而是为马匹主人谋利益。比如乙积极寻找失主，未找到失主之前对受伤的马匹悉心照料，找到之后立即移交。因而，乙的行为构成无因管理。

接着分析，乙对于三天以后马匹的死亡，是否要承担赔偿责任，也就是乙的救助行为与马匹死亡之间是否具有因果关系。

①乙用铲车搬运马匹是否存在过错。乙初衷是善意救助，马匹被发现时已处于非正常状态，全身多处受伤，而且趴在泥水里，天又下着大雨，此时靠人工很难把马抬起，只能采取铲车搬运，乙的管理行为符合一般人处理自身事务的注意义务，救助行为具有适当性。②乙用铲车搬运马匹后不久，甲就找到马匹，此时，乙的无因管理行为已结束。甲找到丢失的马匹之后，并未采取任何救治措施。③在甲未提交充分证据证明马匹死亡原因的情况下，

无法认定救助行为与马匹死亡之间存在法律上的因果关系。

据此,法院认为本案中,乙无论从主观目的还是客观的救助方式,均是善意且不存在过错,所以乙不应对受伤马匹的死亡承担损害赔偿责任。

附 录
《民法典》关联法条速查

第十三条【自然人民事权利能力的起止】自然人从出生时起到死亡时止，具有民事权利能力，依法享有民事权利，承担民事义务。

第十四条【自然人民事权利能力平等】自然人的民事权利能力一律平等。

第十五条【自然人出生和死亡时间的判断标准】自然人的出生时间和死亡时间，以出生证明、死亡证明记载的时间为准；没有出生证明、死亡证明的，以户籍登记或者其他有效身份登记记载的时间为准。有其他证据足以推翻以上记载时间的，以该证据证明的时间为准。

第十六条【胎儿利益的特殊保护】涉及遗产继承、接受赠与等胎儿利益保护的，胎儿视为具有民事权利能力。但是，胎儿娩出时为死体的，其民事权利能力自始不存在。

第十七条【成年人与未成年人的年龄标准】十八周岁以上的自然人为成年人。不满十八周岁的自然人为未成年人。

第十八条【完全民事行为能力人】成年人为完全民事行为能力人，可以独立实施民事法律行为。

十六周岁以上的未成年人，以自己的劳动收入为主要生活来源的，视为完全民事行为能力人。

第十九条【限制民事行为能力的未成年人】八周岁以上的未成年人为限制民事行为能力人，实施民事法律行为由其法定代理人代理或者经其法定代理人同意、追认；但是，可以独立实施纯获利益的民事法律行为或者与其年龄、智力相适应的民事法律行为。

第二十条【无民事行为能力的未成年人】不满八周岁的未成年人为无民事行为能力人，由其法定代理人代理实施民事法律行为。

第二十一条【无民事行为能力的成年人】不能辨认自己行为的成年人为无民事行为能力人，由其法定代理人代理实施民事法律行为。

八周岁以上的未成年人不能辨认自己行为的，适用前款规定。

第二十二条【限制民事行为能力的成年人】不能完全辨认自己行为的成年人为限制民事行为能力人，实施民事法律行为由其法定代理人代理或者经其法定代理人同意、追认；但是，可以独立实施纯获利益的民事法律行为或者与其智力、精神健康状况相适应的民事法律行为。

第二十三条【法定代理人】无民事行为能力人、限制民事行为能力人的监护人是其法定代理人。

第二十四条【无民事行为能力人或限制民事行为能力人的认定与恢复】不能辨认或者不能完全辨认自己行为的成年人，其利害关系人或者有关组织，可以向人民法院申请认定该成年人为无民事行为能力人或者限制民事行为能力人。

被人民法院认定为无民事行为能力人或者限制民事行为能力人的，经本人、利害关系人或者有关组织申请，人民法院可以根据其智力、精神健康恢复的状况，认定该成年人恢复为限制民事行为能力人或者完全民事行为能力人。

本条规定的有关组织包括：居民委员会、村民委员会、学校、医疗机构、妇女联合会、残疾人联合会、依法设立的老年人组织、民政部门等。

第二十五条【自然人的住所】自然人以户籍登记或者其他有效身份登记记载的居所为住所；经常居所与住所不一致的，经常居所视为住所。

第一百三十七条【有相对人的意思表示生效时间】以对话方式作出的意思表示，相对人知道其内容时生效。

以非对话方式作出的意思表示，到达相对人时生效。以非对话方式作出的采用数据电文形式的意思表示，相对人指定特定系统接收数据电文的，该数据电文进入该特定系统时生效；未指定特定系统的，相对人知道或者应当知道该数据电文进入其系统时生效。当事人对采用数据电文形式的意思表示的生效时间另有约定的，按照其约定。

第一百三十八条【无相对人的意思表示生效时间】无相对人的意思表示，表示完成时生效。法律另有规定的，依照其规定。

第一百三十九条【以公告方式作出的意思表示生效时间】以公告方式作出的意思表示，公告发布时生效。

第一百四十条【意思表示的作出方式】行为人可以明示或者默示作出意思表示。

沉默只有在有法律规定、当事人约定或者符合当事人之间的交易习惯时，才可以视为意思表示。

第一百四十一条【意思表示的撤回】行为人可以撤回意思表示。撤回意思表示的通知应当在意思表示到达相对人前或者与意思表示同时到达相对人。

第一百四十二条【意思表示的解释】有相对人的意思表示的解释，应当按照所使用的词句，结合相关条款、行为的性质和目的、习惯以及诚信原则，确定意思表示的含义。

无相对人的意思表示的解释，不能完全拘泥于所使用的词句，而应当结合相关条款、行为的性质和目的、习惯以及诚信原则，确定行为人的真实意思。

第一百四十三条【民事法律行为有效的条件】具备下列条件的民事法律行为有效：

（一）行为人具有相应的民事行为能力；

（二）意思表示真实；

（三）不违反法律、行政法规的强制性规定，不违背公序良俗。

第一百四十四条【无民事行为能力人实施的民事法律行为的效力】无民事行为能力人实施的民事法律行为无效。

第一百四十五条【限制民事行为能力人实施的民事法律行为的效力】限制民事行为能力人实施的纯获利益的民事法律行为或者与其年龄、智力、精神健康状况相适应的民事法律行为有效；实施的其他民事法律行为经法定代理人同意或者追认后有效。

相对人可以催告法定代理人自收到通知之日起三十日内予以追认。法定代理人未作表示的，视为拒绝追认。民事法律行为被追认前，善意相对人有撤销的权利。撤销应当以通知的方式作出。

第一百四十六条【虚假表示与隐藏行为的效力】行为人与相对人以虚假的意思表示实施的民事法律行为无效。

以虚假的意思表示隐藏的民事法律行为的效力，依照有关法律规定处理。

第一百四十七条【基于重大误解实施的民事法律行为的效力】基于重大误解实施的民事法律行为，行为人有权请求人民法院或者仲裁机构予以撤销。

第一百四十八条【以欺诈手段实施的民事法律行为的效力】一方以欺诈手段，使对方在违背真实意思的情况下实施的民事法律行为，受欺诈方有权请求人民法院或者仲裁机构予以撤销。

第一百四十九条【受第三人欺诈的民事法律行为的效力】第三人实施欺诈行为，使一方在违背真实意思的情况下实施的民事法律行为，对方知道或者应当知道该欺诈行为的，受欺诈方有权请求人民法院或者仲裁机构予以撤销。

第一百五十条【以胁迫手段实施的民事法律行为的效力】一方或者第三人以胁迫手段，使对方在违背真实意思的情况下实施的民事法律行为，受胁迫方有权请求人民法院或者仲裁机构予以撤销。

第一百五十一条【显失公平的民事法律行为的效力】一方利用对方处于危困状态、缺乏判断能力等情形，致使民事法律行为成立时显失公平的，受损害方有权请求人民法院或者仲裁机构予以撤销。

第一百五十二条【撤销权的消灭】有下列情形之一的，撤销权消灭：

（一）当事人自知道或者应当知道撤销事由之日起一年内、重大误解的当事人自知道或者应当知道撤销事由之日起九十日内没有行使撤销权；

（二）当事人受胁迫，自胁迫行为终止之日起一年内没有行使撤销权；

（三）当事人知道撤销事由后明确表示或者以自己的行为表明放弃撤销权。

当事人自民事法律行为发生之日起五年内没有行使撤销权的，撤销权消灭。

第一百五十三条【违反强制性规定及违背公序良俗的民事法律行为的效力】违反法律、行政法规的强制性规定的民事法律行为无效。但是，该强制性规定不导致该民事法律行为无效的除外。

违背公序良俗的民事法律行为无效。

第一百五十四条【恶意串通的民事法律行为的效力】行为人与相对人恶意串通，损害他人合法权益的民事法律行为无效。

第一百五十五条【无效、被撤销的民事法律行为自始无效】无效的或者被撤销的民事法律行为自始没有法律约束力。

第一百五十六条【民事法律行为部分无效】民事法律行为部分无效，不影响其他部分效力的，其他部分仍然有效。

第一百五十七条【民事法律行为无效、被撤销或确定不发生效力的法律后果】民事法律行为无效、被撤销或者确定不发生效力后，行为人因该行为取得的财产，应当予以返还；不能返还或者没有必要返还的，应当折价补偿。有过错的一方应当赔偿对方由此所受到的损失；各方都有过错的，应当各自承担相应的责任。法律另有规定的，依照其规定。

第一百六十一条【代理适用范围】民事主体可以通过代理人实施民事法律行为。

依照法律规定、当事人约定或者民事法律行为的性质，应当由本人亲自实施的民事法律行为，不得代理。

第一百六十二条【代理的效力】代理人在代理权限内，以被代理人名义实施的民事法律行为，对被代理人发生效力。

第一百六十三条【代理的类型】代理包括委托代理和法定代理。

委托代理人按照被代理人的委托行使代理权。法定代理人依照法律的规定行使代理权。

第一百六十四条【代理人不当行为的法律后果】代理人不履行或者不完全履行职责，造成被代理人损害的，应当承担民事责任。

代理人和相对人恶意串通，损害被代理人合法权益的，代理人和相对人应当承担连带责任。

第一百六十五条【授权委托书】委托代理授权采用书面形式的，授权委托书应当载明代理人的姓名或者名称、代理事项、权限和期限，并由被代理人签名或者盖章。

第一百七十一条【无权代理】行为人没有代理权、超越代理权或者代理权终止后，仍然实施代理行为，未经被代理人追认的，对被代理人不发生效力。

相对人可以催告被代理人自收到通知之日起三十日内予以追认。被代理人未作表示的，视为拒绝追认。行为人实施的行为被追认前，善意相对人有撤销的权利。撤销应当以通知的方式作出。

行为人实施的行为未被追认的，善意相对人有权请求行为人履行债务或者就其受到的损害请求行为人赔偿。但是，赔偿的范围不得超过被代理人追认时相对人所能获得的利益。

相对人知道或者应当知道行为人无权代理的，相对人和行为人按照各自的过错承担责任。

第一百七十二条【表见代理】行为人没有代理权、超越代理权或者代理权终止后，仍然实施代理行为，相对人有理由相信行为人有代理权的，代理行为有效。

第一百七十八条【连带责任】二人以上依法承担连带责任的，权利人有权请求部分或者全部连带责任人承担责任。

连带责任人的责任份额根据各自责任大小确定；难以确定责任大小的，平均承担责任。实际承担责任超过自己责任份额的连带责任人，有权向其他连带责任人追偿。

连带责任，由法律规定或者当事人约定。

第一百八十八条【普通诉讼时效、最长权利保护期间】向人民法院请求保护民事权利的诉讼时效期间为三年。法律另有规定的，依照其规定。

诉讼时效期间自权利人知道或者应当知道权利受到损害以及义务人之日起计算。法律另有规定的，依照其规定。但是，自权利受到损害之日起超过二十年的，人民法院不予保护，有特殊情况的，人民法院可以根据权利人的申请决定延长。

第一百八十九条【分期履行债务的诉讼时效】当事人约定同一债务分期履行的，诉讼时效期间自最后一期履行期限届满之日起计算。

第一百九十条【对法定代理人请求权的诉讼时效】无民事行为能力人或者限制民事行为能力人对其法定代理人的请求权的诉讼时效期间，自该法定代理终止之日起计算。

第一百九十一条【受性侵未成年人赔偿请求权的诉讼时效】未成年人遭受性侵害的损害赔偿请求权的诉讼时效期间，自受害人年满十八周岁之日起计算。

第一百九十二条【诉讼时效期间届满的法律效果】诉讼时效期间届满的，义务人可以提出不履行义务的抗辩。

诉讼时效期间届满后，义务人同意履行的，不得以诉讼时效期间届满为由抗辩；义务人已经自愿履行的，不得请求返还。

第一百九十三条【诉讼时效援引】人民法院不得主动适用诉讼时效的

规定。

第一百九十四条【诉讼时效中止的情形】在诉讼时效期间的最后六个月内，因下列障碍，不能行使请求权的，诉讼时效中止：

（一）不可抗力；

（二）无民事行为能力人或者限制民事行为能力人没有法定代理人，或者法定代理人死亡、丧失民事行为能力、丧失代理权；

（三）继承开始后未确定继承人或者遗产管理人；

（四）权利人被义务人或者其他人控制；

（五）其他导致权利人不能行使请求权的障碍。

自中止时效的原因消除之日起满六个月，诉讼时效期间届满。

第一百九十五条【诉讼时效中断的情形】有下列情形之一的，诉讼时效中断，从中断、有关程序终结时起，诉讼时效期间重新计算：

（一）权利人向义务人提出履行请求；

（二）义务人同意履行义务；

（三）权利人提起诉讼或者申请仲裁；

（四）与提起诉讼或者申请仲裁具有同等效力的其他情形。

第一百九十六条【不适用诉讼时效的情形】下列请求权不适用诉讼时效的规定：

（一）请求停止侵害、排除妨碍、消除危险；

（二）不动产物权和登记的动产物权的权利人请求返还财产；

（三）请求支付抚养费、赡养费或者扶养费；

（四）依法不适用诉讼时效的其他请求权。

第一百九十七条【诉讼时效法定、时效利益预先放弃无效】诉讼时效的期间、计算方法以及中止、中断的事由由法律规定，当事人约定无效。

当事人对诉讼时效利益的预先放弃无效。

第一百九十八条【仲裁时效】法律对仲裁时效有规定的，依照其规定；没有规定的，适用诉讼时效的规定。

第一百九十九条【除斥期间】法律规定或者当事人约定的撤销权、解除权等权利的存续期间，除法律另有规定外，自权利人知道或者应当知道权利产生之日起计算，不适用有关诉讼时效中止、中断和延长的规定。存续期间届满，撤销权、解除权等权利消灭。

第二百条【期间计算单位】民法所称的期间按照公历年、月、日、小时计算。

第二百零一条【期间起算】按照年、月、日计算期间的，开始的当日不计入，自下一日开始计算。

按照小时计算期间的，自法律规定或者当事人约定的时间开始计算。

第二百零二条【期间结束】按照年、月计算期间的，到期月的对应日为期间的最后一日；没有对应日的，月末日为期间的最后一日。

第二百零三条【期间结束日顺延和末日结束点】期间的最后一日是法定休假日的，以法定休假日结束的次日为期间的最后一日。

期间的最后一日的截止时间为二十四时；有业务时间的，停止业务活动的时间为截止时间。

第二百零四条【期间的法定或约定】期间的计算方法依照本法的规定，但是法律另有规定或者当事人另有约定的除外。

第二百零九条【不动产物权登记的效力】不动产物权的设立、变更、转让和消灭，经依法登记，发生效力；未经登记，不发生效力，但是法律另有规定的除外。

依法属于国家所有的自然资源，所有权可以不登记。

第二百二十四条【动产交付的效力】动产物权的设立和转让，自交付时发生效力，但是法律另有规定的除外。

第二百八十二条【共有部分的收入分配】建设单位、物业服务企业或者其他管理人等利用业主的共有部分产生的收入，在扣除合理成本之后，属于业主共有。

第三百一十一条【善意取得】无处分权人将不动产或者动产转让给受让人的，所有权人有权追回；除法律另有规定外，符合下列情形的，受让人取得该不动产或者动产的所有权：

（一）受让人受让该不动产或者动产时是善意；

（二）以合理的价格转让；

（三）转让的不动产或者动产依照法律规定应当登记的已经登记，不需要登记的已经交付给受让人。

受让人依据前款规定取得不动产或者动产的所有权的，原所有权人有权向无处分权人请求损害赔偿。

当事人善意取得其他物权的，参照适用前两款规定。

第三百八十六条【担保物权的定义】担保物权人在债务人不履行到期债务或者发生当事人约定的实现担保物权的情形，依法享有就担保财产优先受偿的权利，但是法律另有规定的除外。

第三百八十八条【担保合同与主合同的关系】设立担保物权，应当依照本法和其他法律的规定订立担保合同。担保合同包括抵押合同、质押合同和其他具有担保功能的合同。担保合同是主债权债务合同的从合同。主债权债务合同无效的，担保合同无效，但是法律另有规定的除外。

担保合同被确认无效后，债务人、担保人、债权人有过错的，应当根据其过错各自承担相应的民事责任。

第三百八十九条【担保物权的担保范围】担保物权的担保范围包括主债权及其利息、违约金、损害赔偿金、保管担保财产和实现担保物权的费用。当事人另有约定的，按照其约定。

第三百九十条【担保物权的物上代位性及代位物的提存】担保期间，担保财产毁损、灭失或者被征收等，担保物权人可以就获得的保险金、赔偿金或者补偿金等优先受偿。被担保债权的履行期限未届满的，也可以提存该保险金、赔偿金或者补偿金等。

第三百九十三条【担保物权消灭事由】有下列情形之一的，担保物权消灭：

（一）主债权消灭；

（二）担保物权实现；

（三）债权人放弃担保物权；

（四）法律规定担保物权消灭的其他情形。

第三百九十四条【抵押权的定义】为担保债务的履行，债务人或者第三人不转移财产的占有，将该财产抵押给债权人的，债务人不履行到期债务或者发生当事人约定的实现抵押权的情形,债权人有权就该财产优先受偿。

前款规定的债务人或者第三人为抵押人,债权人为抵押权人,提供担保的财产为抵押财产。

第四百条【抵押合同】设立抵押权,当事人应当采用书面形式订立抵押合同。

抵押合同一般包括下列条款:

(一)被担保债权的种类和数额;

(二)债务人履行债务的期限;

(三)抵押财产的名称、数量等情况;

(四)担保的范围。

第四百零三条【动产抵押的效力】以动产抵押的,抵押权自抵押合同生效时设立;未经登记,不得对抗善意第三人。

第四百零七条【抵押权处分的从属性】抵押权不得与债权分离而单独转让或者作为其他债权的担保。债权转让的,担保该债权的抵押权一并转让,但是法律另有规定或者当事人另有约定的除外。

第四百二十一条【最高额抵押权担保的债权转让】最高额抵押担保的债权确定前,部分债权转让的,最高额抵押权不得转让,但是当事人另有约定的除外。

第四百六十三条【合同编的调整范围】本编调整因合同产生的民事关系。

第四百六十四条【合同的定义和身份关系协议的法律适用】合同是民事主体之间设立、变更、终止民事法律关系的协议。

婚姻、收养、监护等有关身份关系的协议,适用有关该身份关系的法律规定;没有规定的,可以根据其性质参照适用本编规定。

第四百六十五条【依法成立的合同效力】依法成立的合同,受法律保护。

依法成立的合同,仅对当事人具有法律约束力,但是法律另有规定的除外。

第四百六十六条【合同条款的解释】当事人对合同条款的理解有争议的,应当依据本法第一百四十二条第一款的规定,确定争议条款的含义。

合同文本采用两种以上文字订立并约定具有同等效力的,对各文本使用的词句推定具有相同含义。各文本使用的词句不一致的,应当根据合同的相关条款、性质、目的以及诚信原则等予以解释。

第四百六十七条【无名合同及涉外合同的法律适用】本法或者其他法律没有明文规定的合同，适用本编通则的规定，并可以参照适用本编或者其他法律最相类似合同的规定。

在中华人民共和国境内履行的中外合资经营企业合同、中外合作经营企业合同、中外合作勘探开发自然资源合同，适用中华人民共和国法律。

第四百六十八条【非因合同产生的债权债务关系的法律适用】非因合同产生的债权债务关系，适用有关该债权债务关系的法律规定；没有规定的，适用本编通则的有关规定，但是根据其性质不能适用的除外。

第四百六十九条【合同订立形式】当事人订立合同，可以采用书面形式、口头形式或者其他形式。

书面形式是合同书、信件、电报、电传、传真等可以有形地表现所载内容的形式。

以电子数据交换、电子邮件等方式能够有形地表现所载内容，并可以随时调取查用的数据电文，视为书面形式。

第四百七十一条【合同订立方式】当事人订立合同，可以采取要约、承诺方式或者其他方式。

第四百七十二条【要约的定义及构成要件】要约是希望与他人订立合同的意思表示，该意思表示应当符合下列条件：

（一）内容具体确定；

（二）表明经受要约人承诺，要约人即受该意思表示约束。

第四百七十三条【要约邀请】要约邀请是希望他人向自己发出要约的表示。拍卖公告、招标公告、招股说明书、债券募集办法、基金招募说明书、商业广告和宣传、寄送的价目表等为要约邀请。

商业广告和宣传的内容符合要约条件的，构成要约。

第四百八十一条【承诺的期限】承诺应当在要约确定的期限内到达要约人。

要约没有确定承诺期限的，承诺应当依照下列规定到达：

（一）要约以对话方式作出的，应当即时作出承诺；

（二）要约以非对话方式作出的，承诺应当在合理期限内到达。

第四百八十二条【以信件或者电报等作出的要约的承诺期限计算方法】要约以信件或者电报作出的，承诺期限自信件载明的日期或者电报交发之日开始计算。信件未载明日期的，自投寄该信件的邮戳日期开始计算。要约以电话、传真、电子邮件等快速通讯方式作出的，承诺期限自要约到达受要约人时开始计算。

第四百八十三条【合同成立时间】承诺生效时合同成立，但是法律另有规定或者当事人另有约定的除外。

第四百八十四条【承诺生效时间】以通知方式作出的承诺，生效的时间适用本法第一百三十七条的规定。

承诺不需要通知的，根据交易习惯或者要约的要求作出承诺的行为时生效。

第四百九十五条【预约合同】当事人约定在将来一定期限内订立合同的认购书、订购书、预订书等，构成预约合同。

当事人一方不履行预约合同约定的订立合同义务的，对方可以请求其承担预约合同的违约责任。

第四百九十六条【格式条款】格式条款是当事人为了重复使用而预先拟定，并在订立合同时未与对方协商的条款。

采用格式条款订立合同的，提供格式条款的一方应当遵循公平原则确定当事人之间的权利和义务，并采取合理的方式提示对方注意免除或者减轻其责任等与对方有重大利害关系的条款，按照对方的要求，对该条款予以说明。提供格式条款的一方未履行提示或者说明义务，致使对方没有注意或者理解与其有重大利害关系的条款的，对方可以主张该条款不成为合同的内容。

第四百九十七条【格式条款无效的情形】有下列情形之一的，该格式条款无效：

（一）具有本法第一编第六章第三节和本法第五百零六条规定的无效情形；

（二）提供格式条款一方不合理地免除或者减轻其责任、加重对方责任、限制对方主要权利；

（三）提供格式条款一方排除对方主要权利。

第四百九十九条【悬赏广告】悬赏人以公开方式声明对完成特定行为的人支付报酬的，完成该行为的人可以请求其支付。

第五百零二条【合同生效时间】依法成立的合同，自成立时生效，但是法律另有规定或者当事人另有约定的除外。

依照法律、行政法规的规定，合同应当办理批准等手续的，依照其规定。未办理批准等手续影响合同生效的，不影响合同中履行报批等义务条款以及相关条款的效力。应当办理申请批准等手续的当事人未履行义务的，对方可以请求其承担违反该义务的责任。

依照法律、行政法规的规定，合同的变更、转让、解除等情形应当办理批准等手续的，适用前款规定。

第五百零三条【被代理人对无权代理合同的追认】无权代理人以被代理人的名义订立合同，被代理人已经开始履行合同义务或者接受相对人履行的，视为对合同的追认。

第五百零六条【免责条款效力】合同中的下列免责条款无效：
（一）造成对方人身损害的；
（二）因故意或者重大过失造成对方财产损失的。

第五百零八条【合同效力援引规定】本编对合同的效力没有规定的，适用本法第一编第六章的有关规定。

第五百零九条【合同履行的原则】当事人应当按照约定全面履行自己的义务。

当事人应当遵循诚信原则，根据合同的性质、目的和交易习惯履行通知、协助、保密等义务。

当事人在履行合同过程中，应当避免浪费资源、污染环境和破坏生态。

第五百一十条【合同没有约定或者约定不明的补救措施】合同生效后，当事人就质量、价款或者报酬、履行地点等内容没有约定或者约定不明确的，可以协议补充；不能达成补充协议的，按照合同相关条款或者交易习惯确定。

第五百一十二条【电子合同标的交付时间】通过互联网等信息网络订立的电子合同的标的为交付商品并采用快递物流方式交付的，收货人的签收时间为交付时间。电子合同的标的为提供服务的,生成的电子凭证或者实物凭证中载明的时间为提供服务时间;前述凭证没有载明时间或者载明时间与实际提供服务时间不一致的,以实际提供服务的时间为准。

电子合同的标的物为采用在线传输方式交付的,合同标的物进入对方当事人指定的特定系统且能够检索识别的时间为交付时间。

电子合同当事人对交付商品或者提供服务的方式、时间另有约定的,按照其约定。

第五百一十五条【选择之债中选择权归属与移转】标的有多项而债务人只需履行其中一项的,债务人享有选择权;但是,法律另有规定、当事人另有约定或者另有交易习惯的除外。

享有选择权的当事人在约定期限内或者履行期限届满未作选择,经催告后在合理期限内仍未选择的,选择权转移至对方。

第五百一十六条【选择权的行使方式】当事人行使选择权应当及时通知对方,通知到达对方时,标的确定。标的确定后不得变更,但是经对方同意的除外。

可选择的标的发生不能履行情形的,享有选择权的当事人不得选择不能履行的标的,但是该不能履行的情形是由对方造成的除外。

第五百一十七条【按份之债】债权人为二人以上,标的可分,按照份额各自享有债权的,为按份债权;债务人为二人以上,标的可分,按照份额各自负担债务的,为按份债务。

按份债权人或者按份债务人的份额难以确定的,视为份额相同。

第五百一十八条【连带之债】债权人为二人以上,部分或者全部债权人均可以请求债务人履行债务的,为连带债权;债务人为二人以上,债权人可以请求部分或者全部债务人履行全部债务的,为连带债务。

连带债权或者连带债务,由法律规定或者当事人约定。

第五百一十九条【连带债务人的份额确定及追偿权】连带债务人之间的份额难以确定的,视为份额相同。

实际承担债务超过自己份额的连带债务人,有权就超出部分在其他连带债务人未履行的份额范围内向其追偿,并相应地享有债权人的权利,但是不得损害债权人的利益。其他连带债务人对债权人的抗辩，可以向该债务人主张。

被追偿的连带债务人不能履行其应分担份额的，其他连带债务人应当在相应范围内按比例分担。

第五百二十二条【向第三人履行的合同】当事人约定由债务人向第三人履行债务，债务人未向第三人履行债务或者履行债务不符合约定的，应当向债权人承担违约责任。

法律规定或者当事人约定第三人可以直接请求债务人向其履行债务，第三人未在合理期限内明确拒绝，债务人未向第三人履行债务或者履行债务不符合约定的，第三人可以请求债务人承担违约责任；债务人对债权人的抗辩，可以向第三人主张。

第五百二十三条【由第三人履行的合同】当事人约定由第三人向债权人履行债务，第三人不履行债务或者履行债务不符合约定的，债务人应当向债权人承担违约责任。

第五百二十四条【第三人清偿规则】债务人不履行债务，第三人对履行该债务具有合法利益的，第三人有权向债权人代为履行；但是，根据债务性质、按照当事人约定或者依照法律规定只能由债务人履行的除外。

债权人接受第三人履行后，其对债务人的债权转让给第三人，但是债务人和第三人另有约定的除外。

第五百三十条【债务人提前履行债务】债权人可以拒绝债务人提前履行债务，但是提前履行不损害债权人利益的除外。

债务人提前履行债务给债权人增加的费用，由债务人负担。

第五百三十三条【情势变更】合同成立后，合同的基础条件发生了当事人在订立合同时无法预见的、不属于商业风险的重大变化，继续履行合同对于当事人一方明显不公平的，受不利影响的当事人可以与对方重新协商；在合理期限内协商不成的，当事人可以请求人民法院或者仲裁机构变更或者解除合同。

人民法院或者仲裁机构应当结合案件的实际情况，根据公平原则变更或者解除合同。

第五百三十五条【债权人代位权】因债务人怠于行使其债权或者与该债

权有关的从权利，影响债权人的到期债权实现的，债权人可以向人民法院请求以自己的名义代位行使债务人对相对人的权利，但是该权利专属于债务人自身的除外。

代位权的行使范围以债权人的到期债权为限。债权人行使代位权的必要费用，由债务人负担。

相对人对债务人的抗辩，可以向债权人主张。

第五百三十六条【债权人代位权的提前行使】债权人的债权到期前，债务人的债权或者与该债权有关的从权利存在诉讼时效期间即将届满或者未及时申报破产债权等情形，影响债权人的债权实现的，债权人可以代位向债务人的相对人请求其向债务人履行、向破产管理人申报或者作出其他必要的行为。

第五百三十七条【债权人代位权行使效果】人民法院认定代位权成立的，由债务人的相对人向债权人履行义务，债权人接受履行后，债权人与债务人、债务人与相对人之间相应的权利义务终止。债务人对相对人的债权或者与该债权有关的从权利被采取保全、执行措施，或者债务人破产的，依照相关法律的规定处理。

第五百三十九条【不合理价格交易时的债权人撤销权行使】债务人以明显不合理的低价转让财产、以明显不合理的高价受让他人财产或者为他人的债务提供担保，影响债权人的债权实现，债务人的相对人知道或者应当知道该情形的，债权人可以请求人民法院撤销债务人的行为。

第五百四十五条【债权转让】债权人可以将债权的全部或者部分转让给第三人，但是有下列情形之一的除外：

（一）根据债权性质不得转让；

（二）按照当事人约定不得转让；

（三）依照法律规定不得转让。

当事人约定非金钱债权不得转让的，不得对抗善意第三人。当事人约定金钱债权不得转让的，不得对抗第三人。

第五百四十七条【债权转让时从权利一并变动】债权人转让债权的，受让人取得与债权有关的从权利，但是该从权利专属于债权人自身的除外。

受让人取得从权利不因该从权利未办理转移登记手续或者未转移占有而受到影响。

第五百四十九条【债权转让时债务人抵销权】有下列情形之一的，债务人可以向受让人主张抵销：

（一）债务人接到债权转让通知时，债务人对让与人享有债权，且债务人的债权先于转让的债权到期或者同时到期；

（二）债务人的债权与转让的债权是基于同一合同产生的。

第五百五十二条【并存的债务承担】第三人与债务人约定加入债务并通知债权人，或者第三人向债权人表示愿意加入债务，债权人未在合理期限内明确拒绝的，债权人可以请求第三人在其愿意承担的债务范围内和债务人承担连带债务。

第五百五十九条【债权的从权利消灭】债权债务终止时，债权的从权利同时消灭，但是法律另有规定或者当事人另有约定的除外。

第五百六十一条【费用、利息和主债务的抵充顺序】债务人在履行主债务外还应当支付利息和实现债权的有关费用，其给付不足以清偿全部债务的，除当事人另有约定外，应当按照下列顺序履行：

（一）实现债权的有关费用；

（二）利息；

（三）主债务。

第五百六十二条【合同约定解除】当事人协商一致，可以解除合同。

当事人可以约定一方解除合同的事由。解除合同的事由发生时，解除权人可以解除合同。

第五百六十三条【合同法定解除】有下列情形之一的，当事人可以解除合同：

（一）因不可抗力致使不能实现合同目的；

（二）在履行期限届满前，当事人一方明确表示或者以自己的行为表明不履行主要债务；

（三）当事人一方迟延履行主要债务，经催告后在合理期限内仍未履行；

（四）当事人一方迟延履行债务或者有其他违约行为致使不能实现合同

目的;

(五)法律规定的其他情形。

以持续履行的债务为内容的不定期合同,当事人可以随时解除合同,但是应当在合理期限之前通知对方。

第五百六十四条【解除权行使期限】法律规定或者当事人约定解除权行使期限,期限届满当事人不行使的,该权利消灭。

法律没有规定或者当事人没有约定解除权行使期限,自解除权人知道或者应当知道解除事由之日起一年内不行使,或者经对方催告后在合理期限内不行使的,该权利消灭。

第五百六十五条【合同解除程序】当事人一方依法主张解除合同的,应当通知对方。合同自通知到达对方时解除;通知载明债务人在一定期限内不履行债务则合同自动解除,债务人在该期限内未履行债务的,合同自通知载明的期限届满时解除。对方对解除合同有异议的,任何一方当事人均可以请求人民法院或者仲裁机构确认解除行为的效力。

当事人一方未通知对方,直接以提起诉讼或者申请仲裁的方式依法主张解除合同,人民法院或者仲裁机构确认该主张的,合同自起诉状副本或者仲裁申请书副本送达对方时解除。

第五百六十六条【合同解除的效力】合同解除后,尚未履行的,终止履行;已经履行的,根据履行情况和合同性质,当事人可以请求恢复原状或者采取其他补救措施,并有权请求赔偿损失。

合同因违约解除的,解除权人可以请求违约方承担违约责任,但是当事人另有约定的除外。

主合同解除后,担保人对债务人应当承担的民事责任仍应当承担担保责任,但是担保合同另有约定的除外。

第五百六十八条【债务法定抵销】当事人互负债务,该债务的标的物种类、品质相同的,任何一方可以将自己的债务与对方的到期债务抵销;但是,根据债务性质、按照当事人约定或者依照法律规定不得抵销的除外。

当事人主张抵销的,应当通知对方。通知自到达对方时生效。抵销不得附条件或者附期限。

第五百七十七条【违约责任】当事人一方不履行合同义务或者履行合同义务不符合约定的，应当承担继续履行、采取补救措施或者赔偿损失等违约责任。

第五百八十条【非金钱债务实际履行责任及违约责任】当事人一方不履行非金钱债务或者履行非金钱债务不符合约定的，对方可以请求履行，但是有下列情形之一的除外：

（一）法律上或者事实上不能履行；

（二）债务的标的不适于强制履行或者履行费用过高；

（三）债权人在合理期限内未请求履行。

有前款规定的除外情形之一，致使不能实现合同目的的，人民法院或者仲裁机构可以根据当事人的请求终止合同权利义务关系，但是不影响违约责任的承担。

第五百八十二条【瑕疵履行违约责任】履行不符合约定的，应当按照当事人的约定承担违约责任。对违约责任没有约定或者约定不明确，依据本法第五百一十条的规定仍不能确定的，受损害方根据标的的性质以及损失的大小，可以合理选择请求对方承担修理、重作、更换、退货、减少价款或者报酬等违约责任。

第五百八十五条【违约金】当事人可以约定一方违约时应当根据违约情况向对方支付一定数额的违约金，也可以约定因违约产生的损失赔偿额的计算方法。

约定的违约金低于造成的损失的，人民法院或者仲裁机构可以根据当事人的请求予以增加；约定的违约金过分高于造成的损失的，人民法院或者仲裁机构可以根据当事人的请求予以适当减少。

当事人就迟延履行约定违约金的，违约方支付违约金后，还应当履行债务。

第五百八十六条【定金担保】当事人可以约定一方向对方给付定金作为债权的担保。定金合同自实际交付定金时成立。

定金的数额由当事人约定；但是，不得超过主合同标的额的百分之二十，超过部分不产生定金的效力。实际交付的定金数额多于或者少于约定数额的，视为变更约定的定金数额。

第五百八十七条【定金罚则】债务人履行债务的，定金应当抵作价款或者收回。给付定金的一方不履行债务或者履行债务不符合约定，致使不能实现合同目的的，无权请求返还定金；收受定金的一方不履行债务或者履行债务不符合约定，致使不能实现合同目的的，应当双倍返还定金。

第五百八十八条【违约金与定金竞合时的责任】当事人既约定违约金，又约定定金的，一方违约时，对方可以选择适用违约金或者定金条款。

定金不足以弥补一方违约造成的损失的，对方可以请求赔偿超过定金数额的损失。

第五百九十二条【双方违约和与有过失】当事人都违反合同的，应当各自承担相应的责任。

当事人一方违约造成对方损失，对方对损失的发生有过错的，可以减少相应的损失赔偿额。

第五百九十三条【第三人原因造成违约时违约责任承担】当事人一方因第三人的原因造成违约的，应当依法向对方承担违约责任。当事人一方和第三人之间的纠纷，依照法律规定或者按照约定处理。

第五百九十七条【无权处分效力】因出卖人未取得处分权致使标的物所有权不能转移的，买受人可以解除合同并请求出卖人承担违约责任。

法律、行政法规禁止或者限制转让的标的物，依照其规定。

第六百零三条【标的物交付地点】出卖人应当按照约定的地点交付标的物。

当事人没有约定交付地点或者约定不明确，依据本法第五百一十条的规定仍不能确定的，适用下列规定：

（一）标的物需要运输的，出卖人应当将标的物交付给第一承运人以运交给买受人；

（二）标的物不需要运输，出卖人和买受人订立合同时知道标的物在某一地点的，出卖人应当在该地点交付标的物；不知道标的物在某一地点的，应当在出卖人订立合同时的营业地交付标的物。

第六百零四条【标的物毁损、灭失风险负担的基本规则】标的物毁损、灭失的风险，在标的物交付之前由出卖人承担，交付之后由买受人承担，但是法律另有规定或者当事人另有约定的除外。

第六百零七条【需要运输的标的物风险负担】出卖人按照约定将标的物运送至买受人指定地点并交付给承运人后，标的物毁损、灭失的风险由买受人承担。

当事人没有约定交付地点或者约定不明确，依据本法第六百零三条第二款第一项的规定标的物需要运输的，出卖人将标的物交付给第一承运人后，标的物毁损、灭失的风险由买受人承担。

第六百二十一条【买受人的通知义务】当事人约定检验期限的，买受人应当在检验期限内将标的物的数量或者质量不符合约定的情形通知出卖人。买受人怠于通知的，视为标的物的数量或者质量符合约定。

当事人没有约定检验期限的，买受人应当在发现或者应当发现标的物的数量或者质量不符合约定的合理期限内通知出卖人。买受人在合理期限内未通知或者自收到标的物之日起二年内未通知出卖人的，视为标的物的数量或者质量符合约定；但是，对标的物有质量保证期的，适用质量保证期，不适用该二年的规定。

出卖人知道或者应当知道提供的标的物不符合约定的，买受人不受前两款规定的通知时间的限制。

第六百二十二条【检验期限过短时的处理】当事人约定的检验期限过短，根据标的物的性质和交易习惯，买受人在检验期限内难以完成全面检验的，该期限仅视为买受人对标的物的外观瑕疵提出异议的期限。

约定的检验期限或者质量保证期短于法律、行政法规规定期限的，应当以法律、行政法规规定的期限为准。

第六百三十四条【分期付款买卖合同】分期付款的买受人未支付到期价款的数额达到全部价款的五分之一，经催告后在合理期限内仍未支付到期价款的，出卖人可以请求买受人支付全部价款或者解除合同。

出卖人解除合同的，可以向买受人请求支付该标的物的使用费。

第六百三十八条【试用买卖的效力】试用买卖的买受人在试用期内可以购买标的物，也可以拒绝购买。试用期限届满，买受人对是否购买标的物未作表示的，视为购买。

试用买卖的买受人在试用期内已经支付部分价款或者对标的物实施出卖、出租、设立担保物权等行为的，视为同意购买。

第六百四十条【试用期间标的物灭失风险的承担】标的物在试用期内毁损、灭失的风险由出卖人承担。

第六百四十一条【所有权保留】当事人可以在买卖合同中约定买受人未履行支付价款或者其他义务的，标的物的所有权属于出卖人。

出卖人对标的物保留的所有权，未经登记，不得对抗善意第三人。

第六百八十一条【保证合同定义】保证合同是为保障债权的实现，保证人和债权人约定，当债务人不履行到期债务或者发生当事人约定的情形时，保证人履行债务或者承担责任的合同。

第六百八十二条【保证合同的从属性及保证合同无效的法律后果】保证合同是主债权债务合同的从合同。主债权债务合同无效的，保证合同无效，但是法律另有规定的除外。

保证合同被确认无效后，债务人、保证人、债权人有过错的，应当根据其过错各自承担相应的民事责任。

第六百八十五条【保证合同形式】保证合同可以是单独订立的书面合同，也可以是主债权债务合同中的保证条款。

第三人单方以书面形式向债权人作出保证，债权人接收且未提出异议的，保证合同成立。

第六百八十六条【保证方式】保证的方式包括一般保证和连带责任保证。

当事人在保证合同中对保证方式没有约定或者约定不明确的，按照一般保证承担保证责任。

第六百八十七条【一般保证人先诉抗辩权】当事人在保证合同中约定，债务人不能履行债务时，由保证人承担保证责任的，为一般保证。

一般保证的保证人在主合同纠纷未经审判或者仲裁，并就债务人财产依法强制执行仍不能履行债务前，有权拒绝向债权人承担保证责任，但是有下列情形之一的除外：

（一）债务人下落不明，且无财产可供执行；

（二）人民法院已经受理债务人破产案件；

（三）债权人有证据证明债务人的财产不足以履行全部债务或者丧失履行债务能力；

（四）保证人书面表示放弃本款规定的权利。

第六百九十二条【保证期间】保证期间是确定保证人承担保证责任的期间，不发生中止、中断和延长。

债权人与保证人可以约定保证期间，但是约定的保证期间早于主债务履行期限或者与主债务履行期限同时届满的，视为没有约定；没有约定或者约定不明确的，保证期间为主债务履行期限届满之日起六个月。

债权人与债务人对主债务履行期限没有约定或者约定不明确的，保证期间自债权人请求债务人履行债务的宽限期届满之日起计算。

第六百九十三条【保证责任免除】一般保证的债权人未在保证期间对债务人提起诉讼或者申请仲裁的，保证人不再承担保证责任。

连带责任保证的债权人未在保证期间请求保证人承担保证责任的，保证人不再承担保证责任。

第六百九十四条【保证债务诉讼时效】一般保证的债权人在保证期间届满前对债务人提起诉讼或者申请仲裁的，从保证人拒绝承担保证责任的权利消灭之日起，开始计算保证债务的诉讼时效。

连带责任保证的债权人在保证期间届满前请求保证人承担保证责任的，从债权人请求保证人承担保证责任之日起，开始计算保证债务的诉讼时效。

第六百九十五条【主合同变更对保证责任影响】债权人和债务人未经保证人书面同意，协商变更主债权债务合同内容，减轻债务的，保证人仍对变更后的债务承担保证责任；加重债务的，保证人对加重的部分不承担保证责任。

债权人和债务人变更主债权债务合同的履行期限，未经保证人书面同意的，保证期间不受影响。

第七百零一条【保证人抗辩权】保证人可以主张债务人对债权人的抗辩。债务人放弃抗辩的，保证人仍有权向债权人主张抗辩。

第七百零二条【保证人拒绝履行权】债务人对债权人享有抵销权或者撤销权的，保证人可以在相应范围内拒绝承担保证责任。

第七百一十六条【承租人对租赁物转租】承租人经出租人同意，可以将租赁物转租给第三人。承租人转租的，承租人与出租人之间的租赁合同继续有效；第三人造成租赁物损失的，承租人应当赔偿损失。

承租人未经出租人同意转租的，出租人可以解除合同。

第七百一十七条【超过承租人剩余租赁期限的转租期间效力】承租人经出租人同意将租赁物转租给第三人，转租期限超过承租人剩余租赁期限的，超过部分的约定对出租人不具有法律约束力，但是出租人与承租人另有约定的除外。

第七百一十八条【推定出租人同意转租】出租人知道或者应当知道承租人转租，但是在六个月内未提出异议的，视为出租人同意转租。

第七百一十九条【次承租人代位求偿权】承租人拖欠租金的，次承租人可以代承租人支付其欠付的租金和违约金，但是转租合同对出租人不具有法律约束力的除外。

次承租人代为支付的租金和违约金，可以充抵次承租人应当向承租人支付的租金；超出其应付的租金数额的，可以向承租人追偿。

第七百二十六条【房屋承租人优先购买权】出租人出卖租赁房屋的，应当在出卖之前的合理期限内通知承租人，承租人享有以同等条件优先购买的权利；但是，房屋按份共有人行使优先购买权或者出租人将房屋出卖给近亲属的除外。

出租人履行通知义务后，承租人在十五日内未明确表示购买的，视为承租人放弃优先购买权。

第七百二十八条【房屋承租人优先购买权受到侵害的法律后果】出租人未通知承租人或者有其他妨害承租人行使优先购买权情形的，承租人可以请求出租人承担赔偿责任。但是，出租人与第三人订立的房屋买卖合同的效力不受影响。

第七百三十五条【融资租赁合同定义】融资租赁合同是出租人根据承租人对出卖人、租赁物的选择，向出卖人购买租赁物，提供给承租人使用，承租人支付租金的合同。

第七百三十七条【融资租赁合同无效】当事人以虚构租赁物方式订立的融资租赁合同无效。

第七百三十九条【融资租赁标的物交付】出租人根据承租人对出卖人、租赁物的选择订立的买卖合同，出卖人应当按照约定向承租人交付标的物，承租人享有与受领标的物有关的买受人的权利。

第七百四十条【承租人拒绝受领标的物的条件】出卖人违反向承租人交付标的物的义务，有下列情形之一的，承租人可以拒绝受领出卖人向其交付的标的物：

（一）标的物严重不符合约定；

（二）未按照约定交付标的物，经承租人或者出租人催告后在合理期限内仍未交付。

承租人拒绝受领标的物的，应当及时通知出租人。

第七百六十一条【保理合同定义】保理合同是应收账款债权人将现有的或者将有的应收账款转让给保理人，保理人提供资金融通、应收账款管理或者催收、应收账款债务人付款担保等服务的合同。

第七百六十二条【保理合同内容和形式】保理合同的内容一般包括业务类型、服务范围、服务期限、基础交易合同情况、应收账款信息、保理融资款或者服务报酬及其支付方式等条款。

保理合同应当采用书面形式。

第七百六十三条【虚构应收账款的法律后果】应收账款债权人与债务人虚构应收账款作为转让标的，与保理人订立保理合同的，应收账款债务人不得以应收账款不存在为由对抗保理人，但是保理人明知虚构的除外。

第七百六十四条【保理人表明身份义务】保理人向应收账款债务人发出应收账款转让通知的，应当表明保理人身份并附有必要凭证。

第七百六十六条【有追索权保理】当事人约定有追索权保理的，保理人可以向应收账款债权人主张返还保理融资款本息或者回购应收账款债权，也可以向应收账款债务人主张应收账款债权。保理人向应收账款债务人主张应收账款债权，在扣除保理融资款本息和相关费用后有剩余的，剩余部分应当返还给应收账款债权人。

第七百六十七条【无追索权保理】当事人约定无追索权保理的，保理人应当向应收账款债务人主张应收账款债权，保理人取得超过保理融资款本息和相关费用的部分，无需向应收账款债权人返还。

第七百六十八条【多重保理的清偿顺序】应收账款债权人就同一应收账款订立多个保理合同，致使多个保理人主张权利的，已经登记的先于未登记的取得应收账款；均已经登记的，按照登记时间的先后顺序取得应收账款；均未登记的，由最先到达应收账款债务人的转让通知中载明的保理人取得应收账款；既未登记也未通知的，按照保理融资款或者服务报酬的比例取得应收账款。

第七百八十一条【工作成果不符合质量要求时的违约责任】承揽人交付的工作成果不符合质量要求的，定作人可以合理选择请求承揽人承担修理、重作、减少报酬、赔偿损失等违约责任。

第八百一十五条【旅客乘运义务的一般规定】旅客应当按照有效客票记载的时间、班次和座位号乘坐。旅客无票乘坐、超程乘坐、越级乘坐或者持不符合减价条件的优惠客票乘坐的，应当补交票款，承运人可以按照规定加收票款；旅客不支付票款的，承运人可以拒绝运输。

实名制客运合同的旅客丢失客票的，可以请求承运人挂失补办，承运人不得再次收取票款和其他不合理费用。

第八百八十八条【保管合同定义】保管合同是保管人保管寄存人交付的保管物，并返还该物的合同。

寄存人到保管人处从事购物、就餐、住宿等活动，将物品存放在指定场所的，视为保管，但是当事人另有约定或者另有交易习惯的除外。

第八百九十七条【保管人赔偿责任】保管期内，因保管人保管不善造成保管物毁损、灭失的，保管人应当承担赔偿责任。但是，无偿保管人证明自己没有故意或者重大过失的，不承担赔偿责任。

第九百一十九条【委托合同定义】委托合同是委托人和受托人约定，由受托人处理委托人事务的合同。

第九百二十二条【受托人应当按照委托人的指示处理委托事务】受托人应当按照委托人的指示处理委托事务。需要变更委托人指示的，应当经委托人同意；因情况紧急，难以和委托人取得联系的，受托人应当妥善处理委托事务，但是事后应当将该情况及时报告委托人。

第九百二十五条【委托人介入权】受托人以自己的名义，在委托人的授权范围内与第三人订立的合同，第三人在订立合同时知道受托人与委托人之间的代理关系的，该合同直接约束委托人和第三人；但是，有确切证据证明该合同只约束受托人和第三人的除外。

第九百二十九条【受托人的赔偿责任】有偿的委托合同，因受托人的过错造成委托人损失的，委托人可以请求赔偿损失。无偿的委托合同，因受托人的故意或者重大过失造成委托人损失的，委托人可以请求赔偿损失。

受托人超越权限造成委托人损失的，应当赔偿损失。

第九百三十一条【委托人另行委托他人处理事务】委托人经受托人同意，可以在受托人之外委托第三人处理委托事务。因此造成受托人损失的，受托人可以向委托人请求赔偿损失。

第九百三十三条【委托合同解除】委托人或者受托人可以随时解除委托合同。因解除合同造成对方损失的，除不可归责于该当事人的事由外，无偿委托合同的解除方应当赔偿因解除时间不当造成的直接损失，有偿委托合同的解除方应当赔偿对方的直接损失和合同履行后可以获得的利益。

第九百三十七条【物业服务合同定义】物业服务合同是物业服务人在物业服务区域内，为业主提供建筑物及其附属设施的维修养护、环境卫生和相关秩序的管理维护等物业服务，业主支付物业费的合同。

物业服务人包括物业服务企业和其他管理人。

第九百三十八条【物业服务合同内容和形式】物业服务合同的内容一般包括服务事项、服务质量、服务费用的标准和收取办法、维修资金的使用、服务用房的管理和使用、服务期限、服务交接等条款。

物业服务人公开作出的有利于业主的服务承诺，为物业服务合同的组成部分。

物业服务合同应当采用书面形式。

第九百三十九条【物业服务合同的效力】建设单位依法与物业服务人订立的前期物业服务合同，以及业主委员会与业主大会依法选聘的物业服务人订立的物业服务合同，对业主具有法律约束力。

第九百四十条【前期物业服务合同法定终止条件】建设单位依法与物业

服务人订立的前期物业服务合同约定的服务期限届满前，业主委员会或者业主与新物业服务人订立的物业服务合同生效的，前期物业服务合同终止。

第九百四十一条【物业服务转委托的条件和限制性条款】物业服务人将物业服务区域内的部分专项服务事项委托给专业性服务组织或者其他第三人的，应当就该部分专项服务事项向业主负责。

物业服务人不得将其应当提供的全部物业服务转委托给第三人，或者将全部物业服务支解后分别转委托给第三人。

第九百四十三条【物业服务人信息公开义务】物业服务人应当定期将服务的事项、负责人员、质量要求、收费项目、收费标准、履行情况，以及维修资金使用情况、业主共有部分的经营与收益情况等以合理方式向业主公开并向业主大会、业主委员会报告。

第九百四十四条【业主支付物业费义务】业主应当按照约定向物业服务人支付物业费。物业服务人已经按照约定和有关规定提供服务的，业主不得以未接受或者无需接受相关物业服务为由拒绝支付物业费。

业主违反约定逾期不支付物业费的，物业服务人可以催告其在合理期限内支付；合理期限届满仍不支付的，物业服务人可以提起诉讼或者申请仲裁。

物业服务人不得采取停止供电、供水、供热、供燃气等方式催交物业费。

第九百四十五条【业主告知、协助义务】业主装饰装修房屋的，应当事先告知物业服务人，遵守物业服务人提示的合理注意事项，并配合其进行必要的现场检查。

业主转让、出租物业专有部分、设立居住权或者依法改变共有部分用途的，应当及时将相关情况告知物业服务人。

第九百四十六条【业主合同任意解除权】业主依照法定程序共同决定解聘物业服务人的，可以解除物业服务合同。决定解聘的，应当提前六十日书面通知物业服务人，但是合同对通知期限另有约定的除外。

依据前款规定解除合同造成物业服务人损失的，除不可归责于业主的事由外，业主应当赔偿损失。

第九百四十八条【不定期物业服务合同】物业服务期限届满后，业主没有依法作出续聘或者另聘物业服务人的决定，物业服务人继续提供物业服务的，原物业服务合同继续有效，但是服务期限为不定期。

当事人可以随时解除不定期物业服务合同，但是应当提前六十日书面通知对方。

第九百五十条【物业服务人的后合同义务】物业服务合同终止后，在业主或者业主大会选聘的新物业服务人或者决定自行管理的业主接管之前，原物业服务人应当继续处理物业服务事项，并可以请求业主支付该期间的物业费。

第九百六十五条【委托人私下与第三人订立合同后果】委托人在接受中介人的服务后，利用中介人提供的交易机会或者媒介服务，绕开中介人直接订立合同的，应当向中介人支付报酬。

第九百六十七条【合伙合同定义】合伙合同是两个以上合伙人为了共同的事业目的，订立的共享利益、共担风险的协议。

第九百六十八条【合伙人履行出资义务】合伙人应当按照约定的出资方式、数额和缴付期限，履行出资义务。

第九百七十二条【合伙的利润分配与亏损分担】合伙的利润分配和亏损分担，按照合伙合同的约定办理；合伙合同没有约定或者约定不明确的，由合伙人协商决定；协商不成的，由合伙人按照实缴出资比例分配、分担；无法确定出资比例的，由合伙人平均分配、分担。

第九百七十三条【合伙人的连带责任及追偿权】合伙人对合伙债务承担连带责任。清偿合伙债务超过自己应当承担份额的合伙人，有权向其他合伙人追偿。

第九百七十五条【合伙人权利代位】合伙人的债权人不得代位行使合伙人依照本章规定和合伙合同享有的权利，但是合伙人享有的利益分配请求权除外。

第九百七十九条【无因管理定义】管理人没有法定的或者约定的义务，为避免他人利益受损失而管理他人事务的，可以请求受益人偿还因管理事务而支出的必要费用；管理人因管理事务受到损失的，可以请求受益人给予适当补偿。

管理事务不符合受益人真实意思的，管理人不享有前款规定的权利；但是，受益人的真实意思违反法律或者违背公序良俗的除外。